본격 한중일 세계사
20 1910 망국

초판 1쇄 인쇄 2025년 8월 19일
초판 1쇄 발행 2025년 8월 27일

지은이 굽시니스트
펴낸이 최순영

출판2 본부장 박태근
지식교양 팀장 송두나
디자인 조은덕

펴낸곳 ㈜위즈덤하우스 **출판등록** 2000년 5월 23일 제13-1071호
주소 서울특별시 마포구 양화로 19 합정오피스빌딩 17층
전화 02) 2179-5600 **홈페이지** www.wisdomhouse.co.kr

ⓒ 굽시니스트, 2025

ISBN 979-11-7171-485-8 04900
      979-11-6220-324-8 (세트)

· 이 책의 전부 또는 일부 내용을 재사용하려면 반드시 사전에 저작권자와
  ㈜위즈덤하우스의 동의를 받아야 합니다.
· 인쇄·제작 및 유통상의 파본 도서는 구입하신 서점에서 바꿔드립니다.
· 책값은 뒤표지에 있습니다.

20
1910
망국

굽시니스트 글·그림

위즈덤하우스

머리말

결국 이렇게 완결에 이르고야 말았습니다. 7년 전, 1권을 출간하며 머리말에서 밝힌 거창한 포부를 돌아보니, 뭐랄까…. '용두사미'의 평을 면할 수 있을지 저어될 뿐입니다.

분명 19세기 후반부터 20세기 초 사이는 인류 역사에 어떤 특이점이 시작되었다고 할 만한 시대였고, 특히 동양 3국은 〈오징어 게임〉의 최종 라운드 같은 대박과 쪽박의 갈림길 앞에 선 형국이었다 하겠습니다. 오늘날 그 시기를 이야기한다면, 흥망의 배경과 요인을 논하며 감탄과 탄식이 줄기차게 이어져야 할 테지요. 그리하여 근대화라는 생존 시험을 치르는 동양 3국의 도전과 좌절! 진화와 도태! 대성공과 대실패의 그랜드 피날레! -같은 엔딩이 나와야 했을까요? 하지만 결국 펜 선을 이어가며 만나게 된 풍경은, 그저 근대사의 복잡기괴한 암초군에 부서지는 파도의 파편들. 불가해한 역사의 고고한 해류에 농락당하면서도 순간순간의 파도 높이를 뽐내는 덧없는 인간 군상뿐이었습니다. 똑같은 파도가 똑같이 부서지는 일이 없듯, 역사는 반복되는 것이 아닙니다. 교훈을 주지도 않고, 목적성을 띠지도 않는, 그저 부서진 파도의 물거품 연속체일진대. 그 물거품이 만들어내는 추상화에 홀려 우리는 이렇게 스무 권짜리 시리즈를 만나게 되는군요.

20권에 이르기까지 만화에서는 70여 년, 현실에서는 7년이 흘렀습니다. 그간 내외적으로 많은 일이 있었는데, 세상에는 안 좋은 일들이 많았던 것 같습니다. 역병, 전쟁, 민주주의의 위기, 기후 위기, 각종 참사 등등. 이 또한 우리 시대의 난세라 할 수 있을까요. 개인적으로는 2024년에 2세를 얻는 경사가 있었습니다. 아빠가 6·25전쟁 발발로부터 31년 뒤에 태어났다면, 이 아이의 탄생 31년 전에는 대전 EXPO가 한창이었은즉, 우리의 근대사 경험이 같을 수는 없겠지요. 그래도 이 스무 권의 만화책을 통해 우리의 근대사 감각을 증언하고, 우리가 역사에 품었던 정념을 남겨 전함이 무의미한 일은 아니리라 희망합니다. 우리는 근대사의 잔인한 광명과 뜨거운 어둠에 홀려 별의별 소리를 다 하고 오만 잡상을 눈에 다 담았었노라고….

실로 독자 여러분의 '역사 홀릭'이 아니었다면 결코 여기까지 오지 못했을 겁니다. 미욱한 그림과 글을 이리 끝까지 지지해주심에 감사드립니다. 이 은혜는 언젠가 천하에 이로움을 더할 작품으로 갚기를 서원하겠습니다. 또한 이런 마이너한 기획을 과감하게 스무 권짜리 시리즈로 내주신 위즈덤하우스에 경의를 올립니다. 정말 많은 분께 신세 진 이 시리즈에, 그 모든 의기가 온전히 깃들기를 바랍니다.

2025년 8월
굽시니스트

차례

머리말 004

제1장	Bloody Sunday	009
제2장	Mission Possible	023
제3장	센단푸 전투	039
제4장	봉천 회전	057
제5장	여로	077
제6장	이 틈을 노려서	093
제7장	쓰시마 해전	109
제8장	포츠머스 조약	145
제9장	전이외졌	157
제10장	일진s	171
제11장	To A美erica	187
제12장	이상한 극동의 앨리스	203
제13장	보호국을 향하여	215
제14장	을사늑약	229
제15장	Bamboo Forest of Blood	243
제16장	천하 공의	257
제17장	1907	271
제18장	헤이그로	289
제19장	하우스텐보스의 절규	303
제20장	융희	315
제21장	From 남대문 To 양주	329
제22장	Seoul My Soul	345
제23장	치료탄	363
제24장	The Big Dipper	377
제25장	추풍단등	391
제26장	장부가	407
제27장	마지막 회	427

주요 사건 및 인물 444

제 1 장

Bloody Sunday

이에 1월 18일부터 수도권 금속·기계 노조들이 동맹파업에 나서기 시작.

수도권 노동계 대표들이 청원서를
작성하고 10만 명이 서명한다.

부당 해고 금지,
일 8시간 근무제,
법치주의 보장,
제헌의회 소집,
언론 및 집회의 자유,
국민의 장관 탄핵 가능,
간접세 대신 누진소득세 도입,
정치범 사면,
정교분리 등등

청원서를 작성하며 가폰 신부가
볼셰비키, 멘셰비키, 사회혁명당
대표들에게 말하기를—

내가 청원서 들고 황궁에 들어가
폐하께 직소할 것이니,
댁들은 좀 참고 기다리시오.

얘기가 잘되면 나올 때 흰 손수건을 들 것이고
얘기가 안 통하면 나올 때 빨간 손수건을 들 것이니,
그리되면 폭력혁명이든 뭐든 맘대로 하쇼.

뭐냐?! 빨갱이 국가
만들자는 거여?!

1월 21일. 청원서 사본이
정부 내각에 전달되었는데—

내무장관 미르스키

(전임자인 플레베는
5개월 전에 테러로 폭사)

1월 22일 일요일, 예정대로 가폰 신부는 약 15만 명의
군중을 이끌고 겨울궁전을 향해 행진 시작.

그리고 궐문 앞에서
군 병력의 총구를 마주하게 된다.

제 2 장

Mission Possible

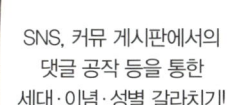

1905년 1월 22일을 붉게 물들인 피의 일요일 사건 이후 러시아 전역은 분노한 노동자들의 총파업과 시위의 쓰나미로 뒤덮였고.

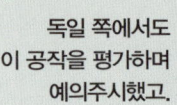
독일 쪽에서도 이 공작을 평가하며 예의주시했고.

음… 러시아와 전쟁이 나면, 러시아 빨갱이들을 지원한다… 메모!

물론 러시아 방첩 당국도 일본 측 공작을 예의주시하며 대응에 나서고 있었고.

우리도 아카시 돈 좀 먹어보자!

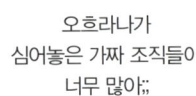
오흐라나가 심어놓은 가짜 조직들이 너무 많아;;

(오흐라나, 외무성, 전쟁성, 재무성이 제각각 첩보 라인을 운용)

그러다가 너무 오버한 것이 '북해 일본 어뢰정 공작' 첩보.
(19권 참고)

일본 어뢰정들이 북해에서 발틱함대 공격한댄다!!!

이 때문에 발틱함대의 영국 어선 격침 사건이 터지게 된 것.

사실, 저 허위 정보가 일본 측의 역정보였다는 이야기도.

뭐, 그냥 걸기만 하면 낚이넼ㅋㅋ

석탄 조심해요! 석탄!

그래도 무시할 수 없는 중요한 첩보들이 계속 발틱함대에 전달되었고.

일본 공작원들이 발틱함대가 이용할 저탄소에 침투해 안에 폭약을 심은 석탄 조각을 섞어놓았다고 합니다!

안에 폭약이 담긴 석탄 조각을 그대로 함선 엔진 보일러에 던져 넣으면—

하, 디젤엔진 언제 보급되냐;

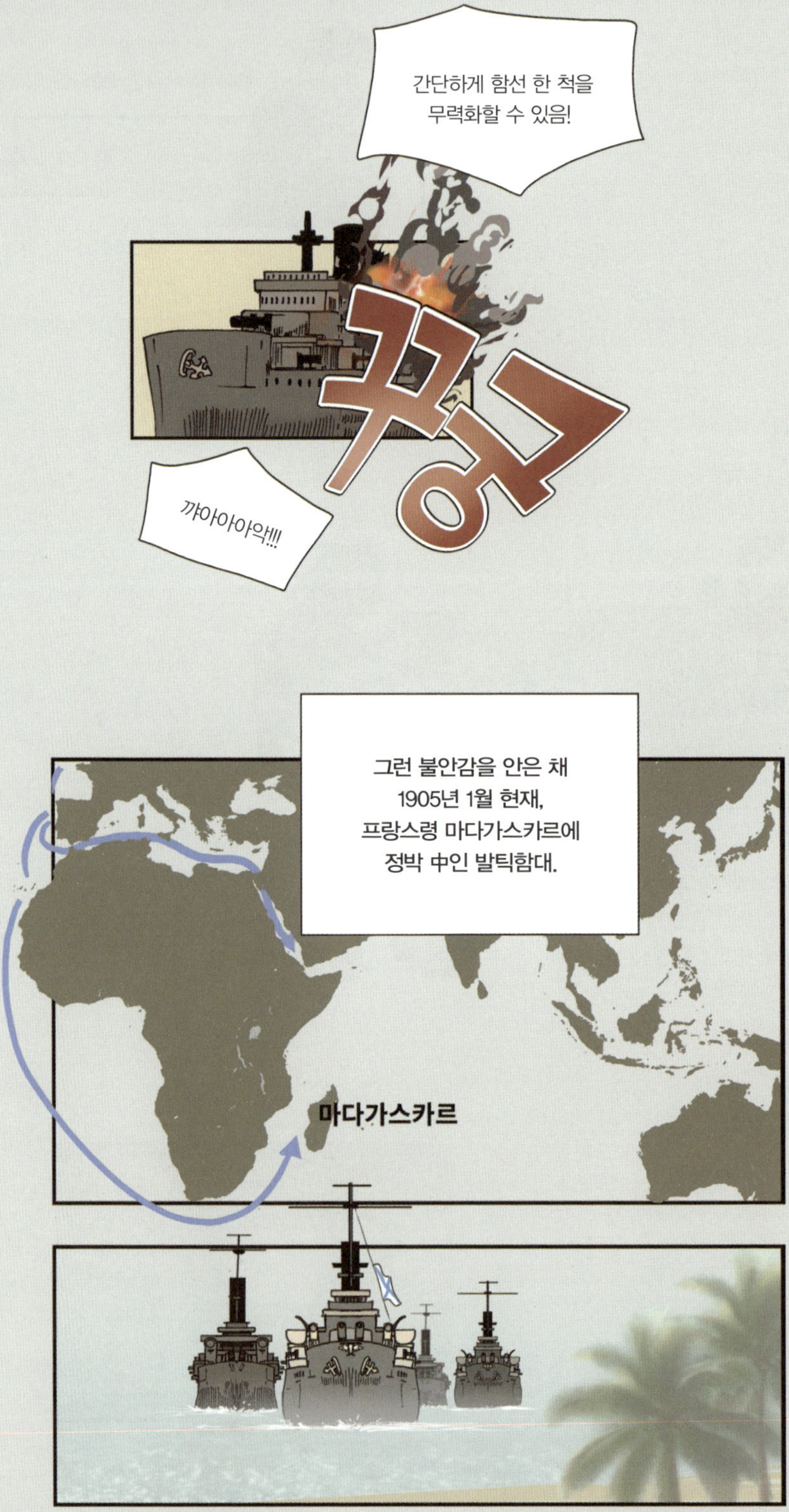

며칠 전에 착임한 만주 2군 사령관 그리펜베르크

피의 일요일 사흘 후인 1월 25일, 그리펜베르크 공세 개시.

제 3 장

셴단푸 전투

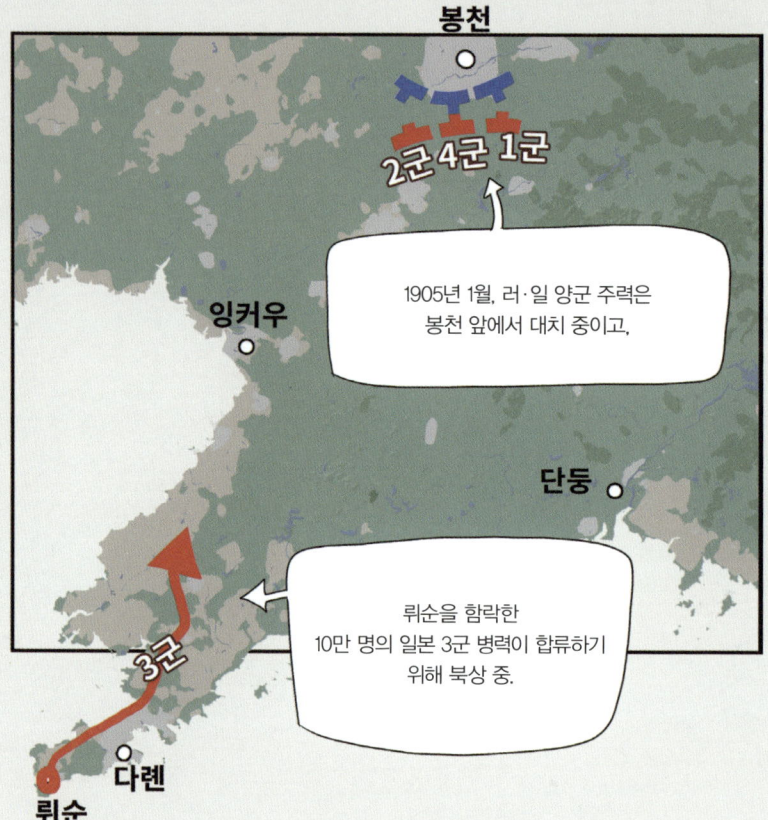

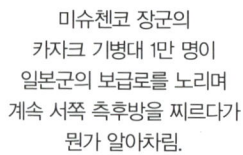

미슈첸코 장군의 카자크 기병대 1만 명이 일본군의 보급로를 노리며 계속 서쪽 측후방을 찌르다가 뭔가 알아차림.

일본군 전선의 서쪽 끝은 말에서 내린 채 마을들에 짱박혀 있는 기병대 몇 명뿐이군요?!

So! 저 서쪽 끝을 지금 당장 찔러 들어가야 한다!!

추워 죽겠는데 무슨 공세를;;

바로 지금이어야 하는 이유!!

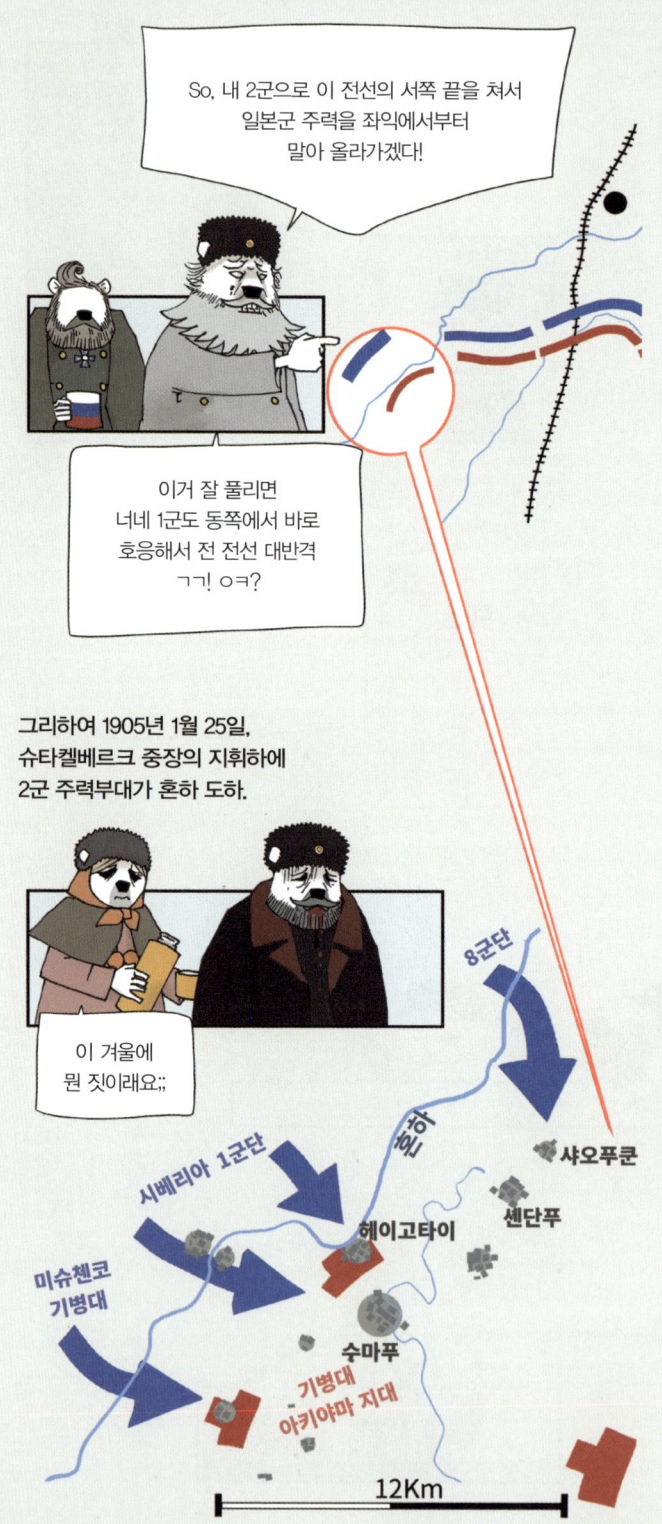

일본군은 혼하 전초 방어선에서 모두 후퇴.
1월 25일 당일, 헤이고타이를 점령한
러시아군은 수마푸로 진공.

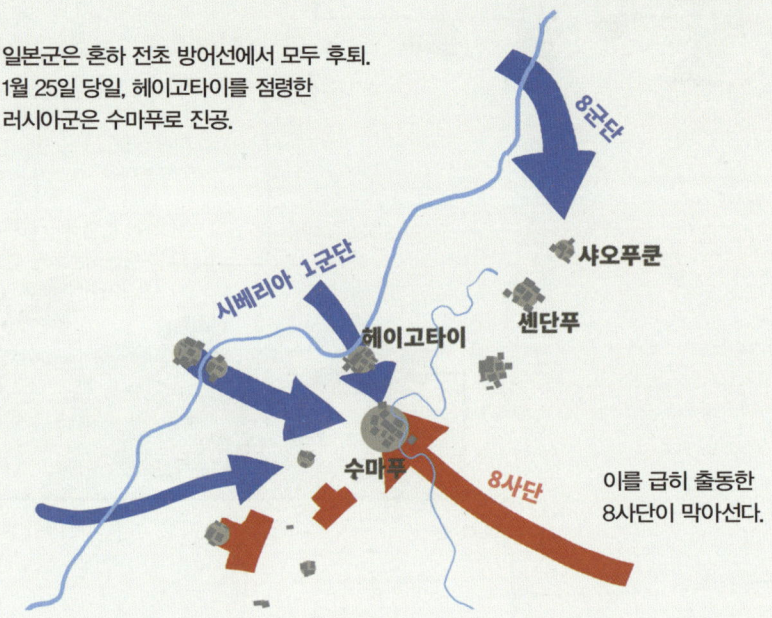

이를 급히 출동한
8사단이 막아선다.

8사단장 다쓰미 나오후미 중장

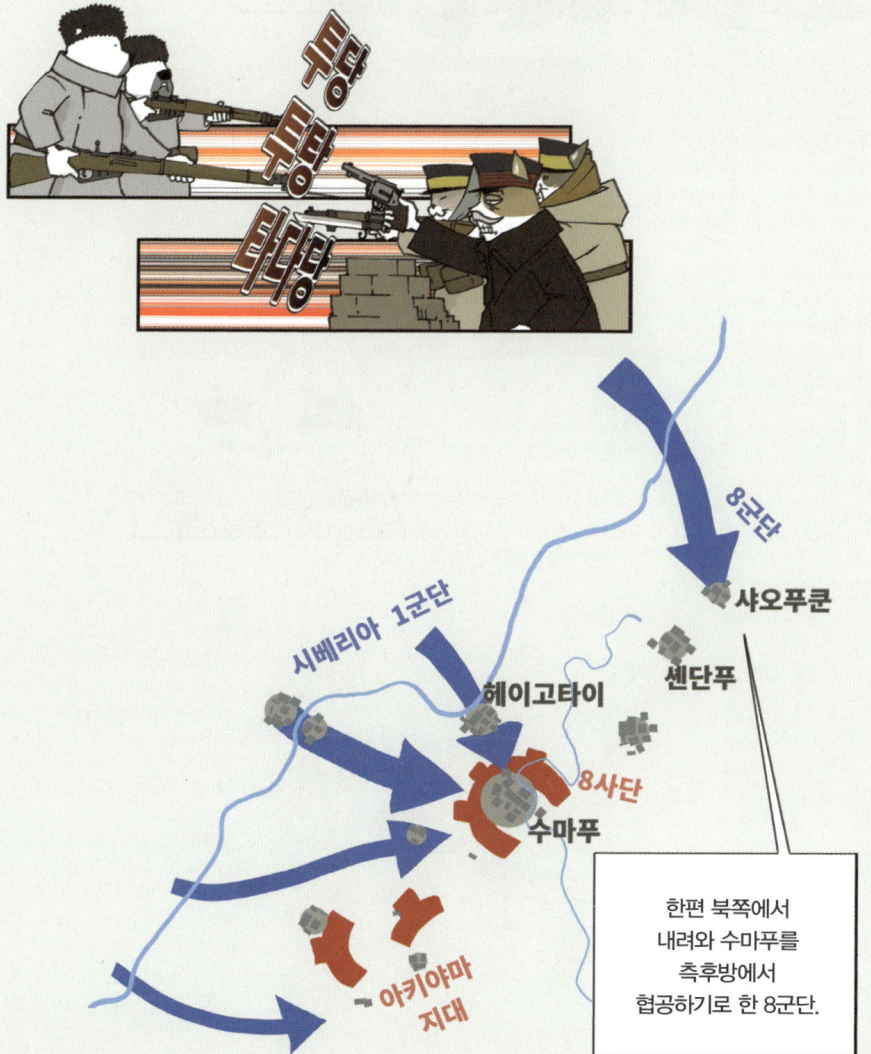

1월 27일, 날이 갰을 때 루사노프는 이 마을이 셴단푸가 아니라 샤오푸쿤임을 깨닫게 된다.

셴단푸는 너네가 쉬고 있을 때 이미 우리가 점거했단다!

켁!! 눈보라 속에서 길을 헷갈렸구나!!

8군단
샤오푸쿤
시베리아 1군단
헤이고타이
셴단푸 5사단
수마푸 8사단
아키야마 지대

1월 26일의 눈보라 치던 밤, 일본군 5사단이 야간 강행군으로 셴단푸에 들어왔던 것.

5사단장 기고시 중장

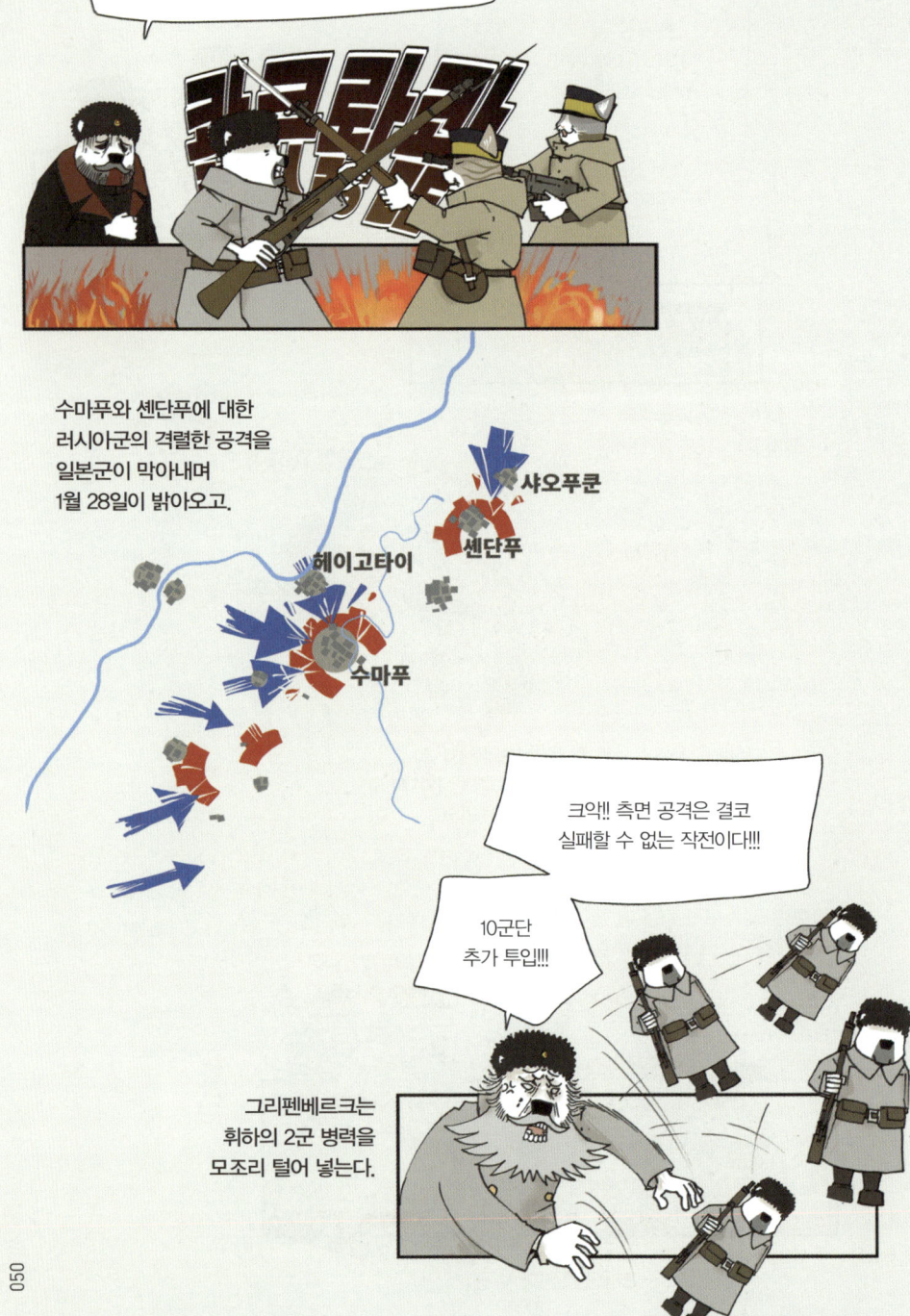

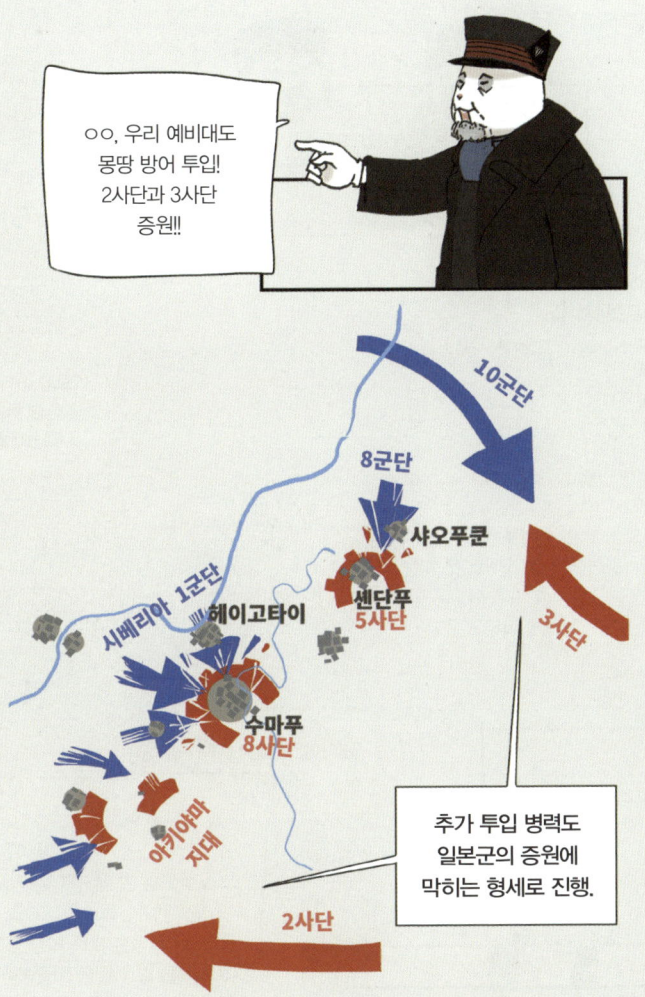

1월 30일까지 러시아군
전 병력이 혼하 너머로 철수.

샤오푸쿤

셴단푸

헤이고타이

수마푸

1월 29일,
일본군 8사단이 헤이고타이를 탈환하며
전투는 종료된다.

이걸로 하코다 참사의
불명예를 씻었는가.

러시아군 사상자 + 실종자
1만 2천여 명

일본군 사상자
9300여 명

이 중 5200명이
8사단에서 발생함;;

명예 회복
대가 비싸다…

쿠로퍽킹 이 트롤 셋퀴!
철저히 공론화해주마!!!

극대노한 그리펜베르크는 곧바로
St.페테르부르크로 돌아가버리고.

이거
탈영 아님?

제 4 장

봉천 회전

애초에 워낙 큰 국력 차이로 시작한 전쟁.

1903년의 국가 예산이 2억 6천만 엔인데,

일본은 어떻게든 전쟁을 치러나가기 위해 엄청난 지출을 감내해야 했고.

예상 전비는 4억 4천만 엔이여;

(최종적으로는 약 19억 엔에 달함)

이는 결국 빚내서 해결할 수밖에 없는 것.

영국 하청 맡아 치르는 전쟁이니 런던이 돈을 좀 대셔야죠?

일본은행 부총재 다카하시 고레키요

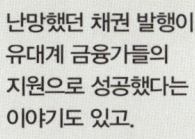

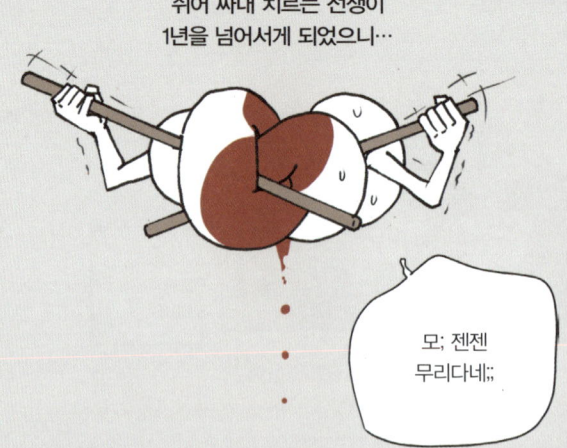

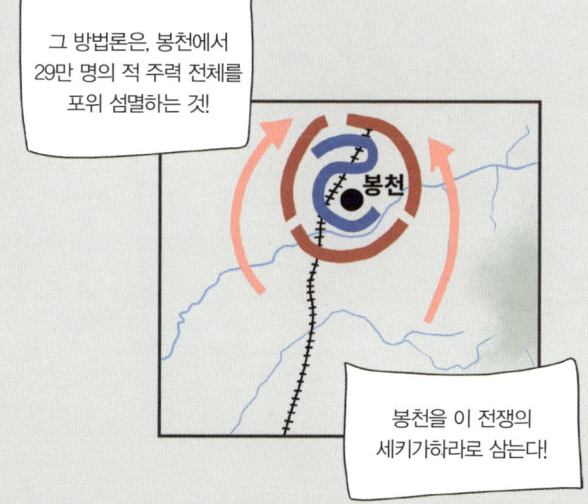

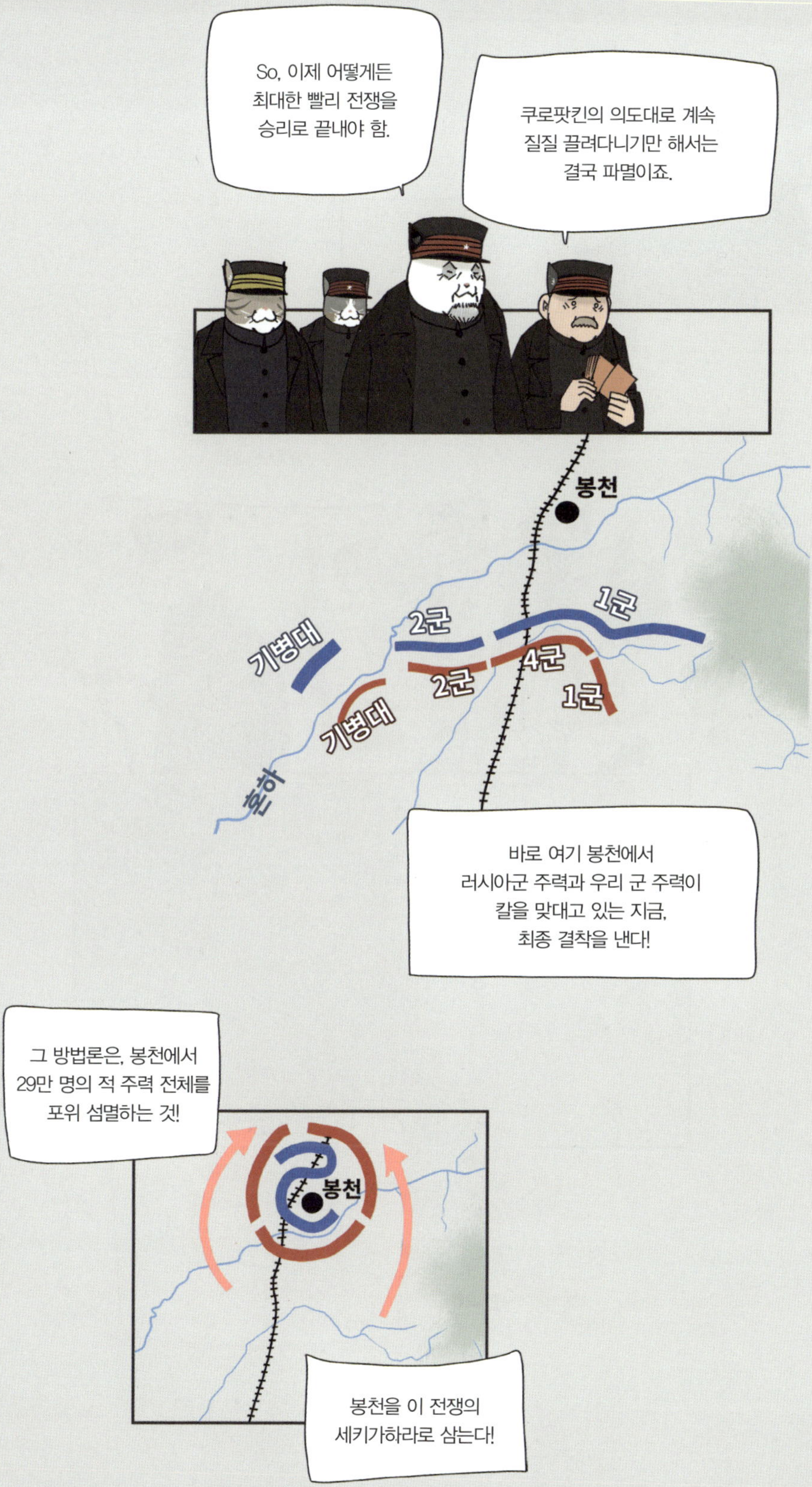

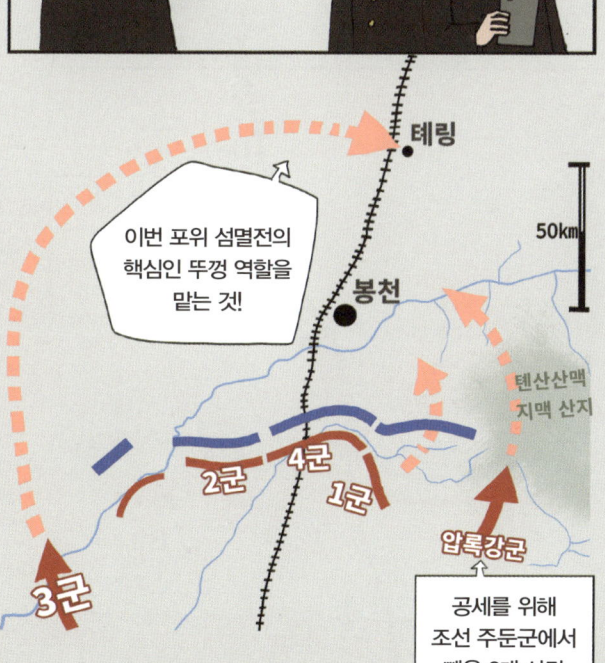

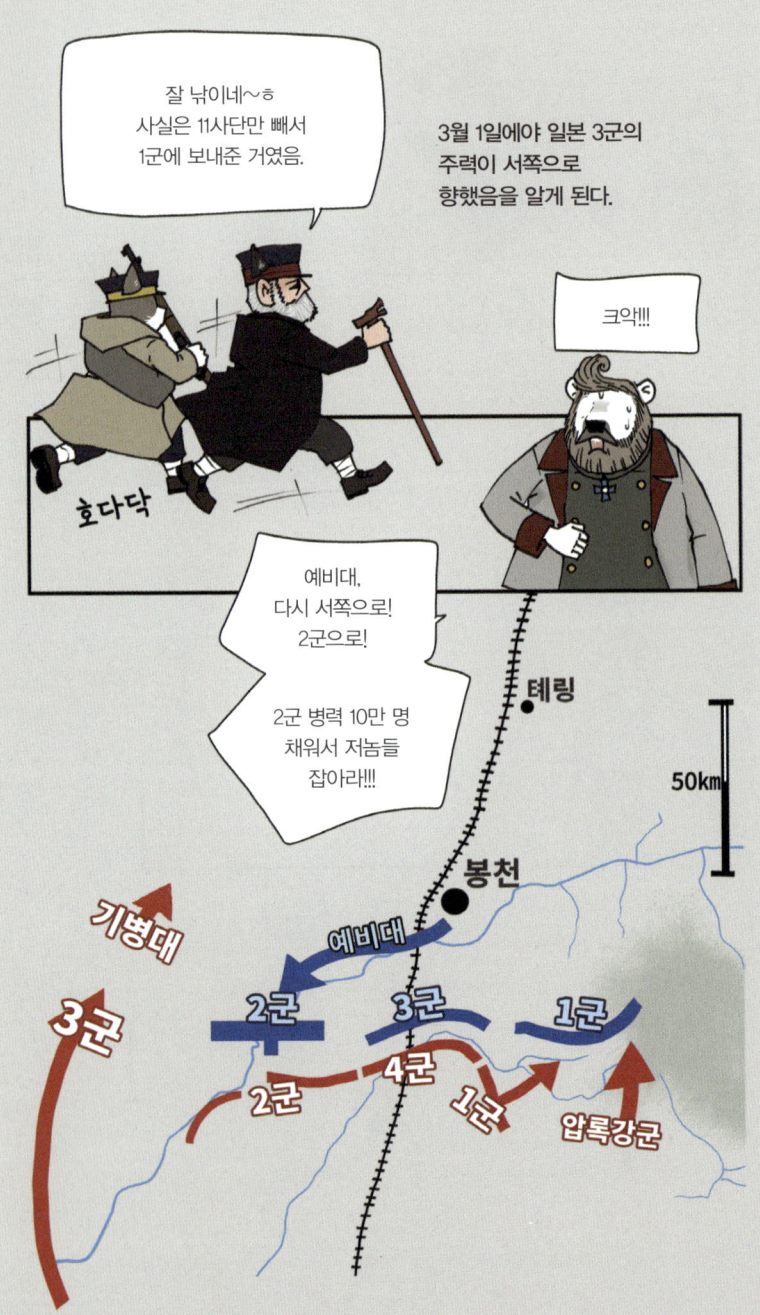

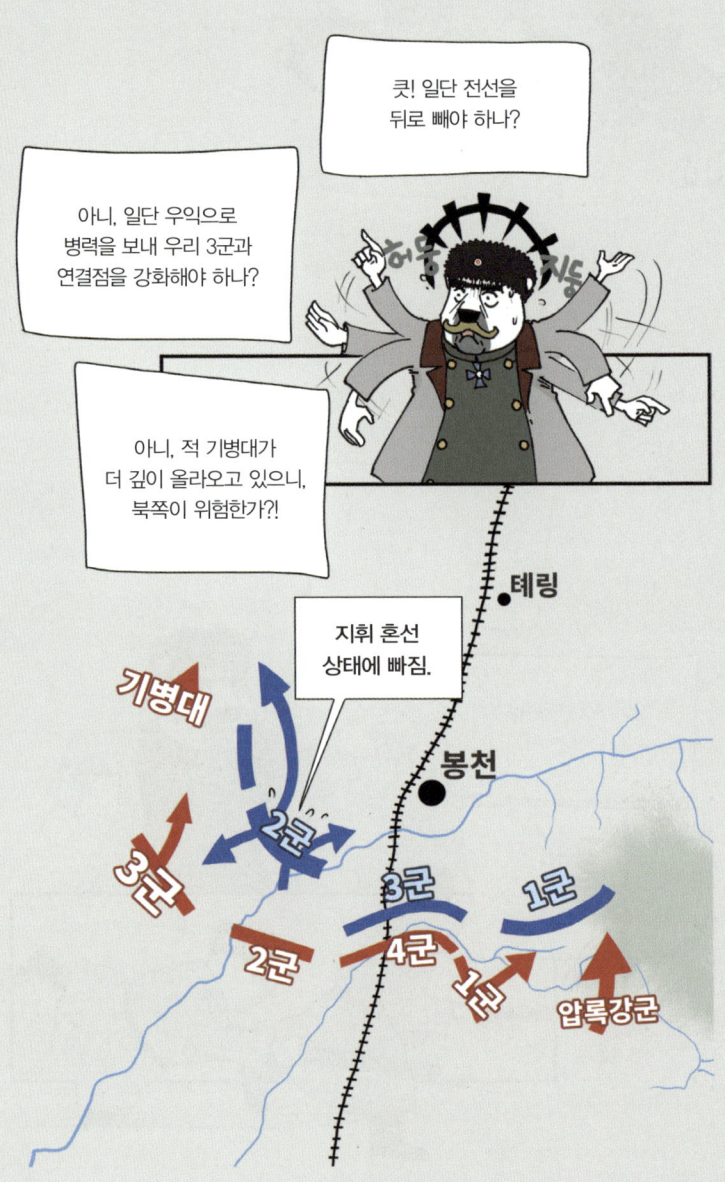

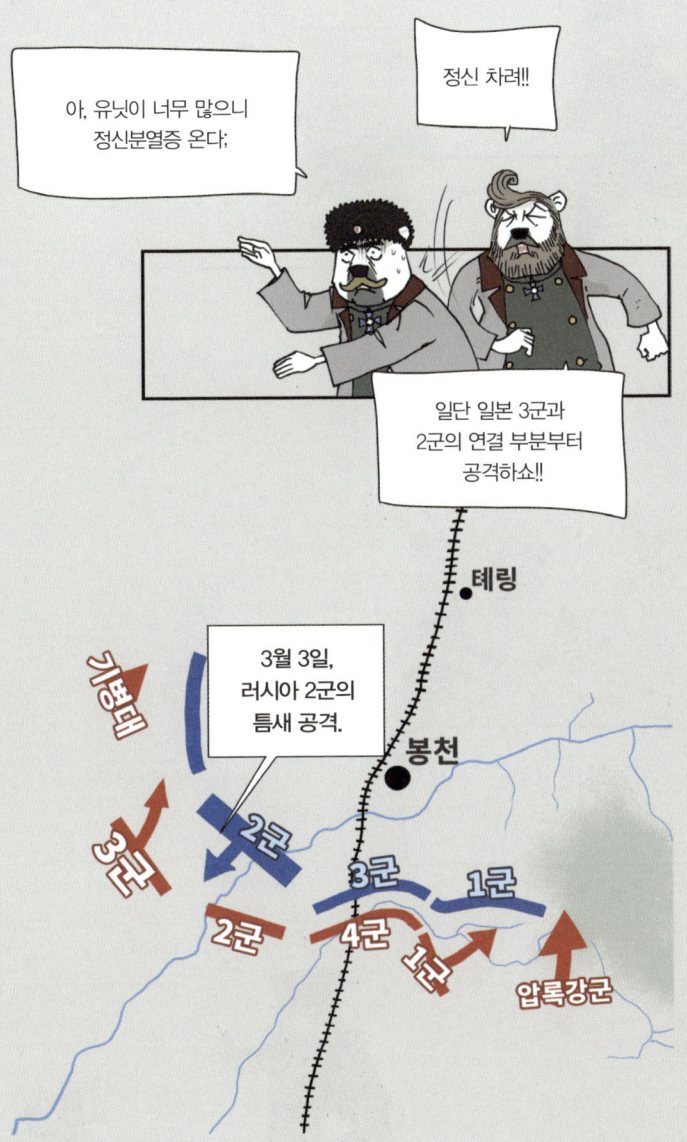

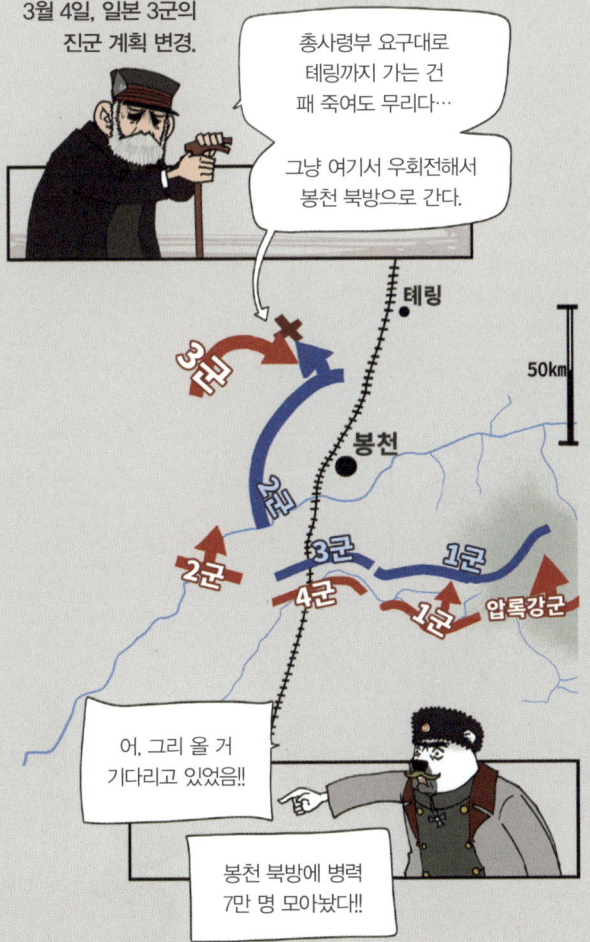

3월 10일, 러시아군 주력이 모두 빠져나간 후—

톄링

봉천

1만 명 정도의 러시아군 잔존 병력만 남은 봉천으로 3사단 선봉이 진입.

이렇게 봉천 회전은 대충 시마이…

봉천 회전 기간, 일본 3군 병력 3만 8천 명 중 1만 5천 명의 사상자가 났다…

이게 맞아요?

…

제 5 장

여로

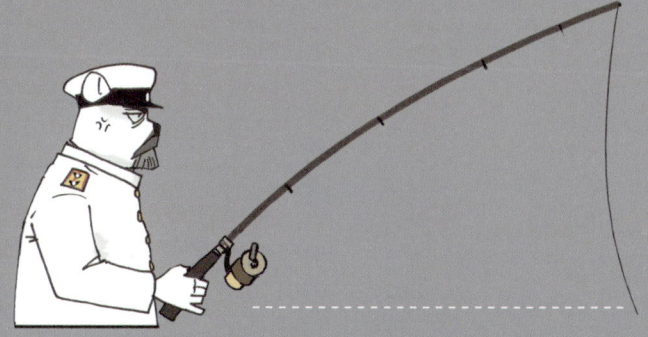

1905년 3월 10일, 봉천에 입성한 일본군.

코후쿠!! 코후쿠!!
(こうふく: 항복)

코후쿠!! 코후쿠!!
(こうふく: 행복)

남아 있던 1개 사단 규모의 러시아군 병력 포획.

일본군
전사자는 약 1만 6천 명
부상자는 약 6만 명
포로, 실종 등 2천 명

총합 약 7만 8천 명의
병력 손실.

러시아군
전사자는 약 8천 700명
부상자는 약 5만 2천 명
포로, 실종 등 2만 8천 명

총합 약 8만 9천 명의
병력 손실.

사상자 수는 러시아군이 더 적었지만, 봉천에서 대량의 포로가 잡혔고, 수천 명이 탈영했지요.

한 단계 강등되어 만주군 1군 사령관만 맡게 되었다…

하지만 누가 봐도 봉천 회전은 결국 러시아의 패배였기에, 쿠로팟킨에게 책임을 물어 만주군 총사령관직에서 해임.

새 만주군 총사령관은 린네비치 대장

뭐, 나도 쿠로팟킨의 전략이 대충 맞다고 생각합니다만…

나폴레옹 전쟁 이래 세계 최대 규모 회전에서 일본군이 승리!!

봉천 회전 승리 소식에 일본 내 여론은 전쟁 다 이긴 것처럼 기뻐 날뛰고 있지만…

실제로는 러시아군 주력을 놓쳤으니;; 앞으로 어디까지 북진해야 할지 난감한 상황이죠;;

어디까지 북진하냐고?! 러시아 본토까지!!!! 블라디보스토크 치고 연해주 먹는다!!

뜨아?!

"아직 내 비장의 카드 다 까지도 않았는데 뭔 종전이여!!"

"발틱함대가 극동에 도착하기만 하면 이 전쟁, 아모른직다!!"

그 발틱함대는 마다가스카르 북부 노시베 앞바다에서 긴 대기 시간을 보내고 있었으니…

"추가 병력 기다린다고 여기서 대체 몇 개월을 짱박혀 있는 거냐;;"

발틱함대(제2태평양함대)
사령관 로제스트벤스키

결국 발틱함대는 마다가스카르에서 좀 더 대기.

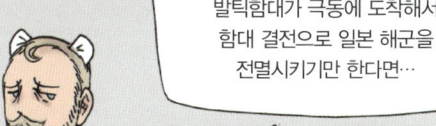
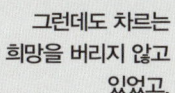

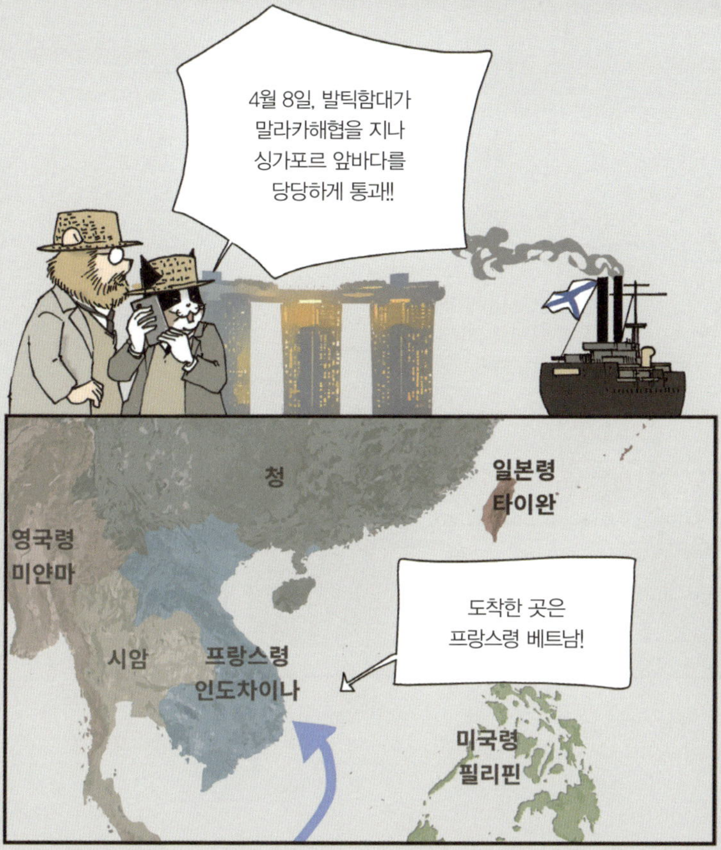

제 6 장

이 틈을 노려서

1905년 5월 11일은 오쓰 사건 14주년이군요…

(차르는 매년 일기장에 이날을 기념했다고)

섬나라의 야만에 맞서는 차르에게 신의 가호가 함께함을 상징하는 사건이었을까요?

5월 18일은 내 37번째 생일이고,

5월 26일은 내 대관식 기념일!

이처럼 상서로운 기념일들이 들어찬 5월에 이제 위대한 승리의 기념일을 하나 더 추가할 수 있을 것인가!

발틱함대가 5월에 동해로 진입할 것이니!!

예아~! 우리 니키 최고다!! 차르가 잘 짜른다!

그 발틱함대가 극동까지 가는 동안 프랑스놈들이 입항도 제대로 안 시켜주고 푸대접해서 러시아인들이 꽤 빈정 상한 모양이더라고요!

제국 재상 뷜로   빌헬름 2세

음! 그런 부분에서 프랑스놈들 엿먹일 각이 무궁무진하다!!

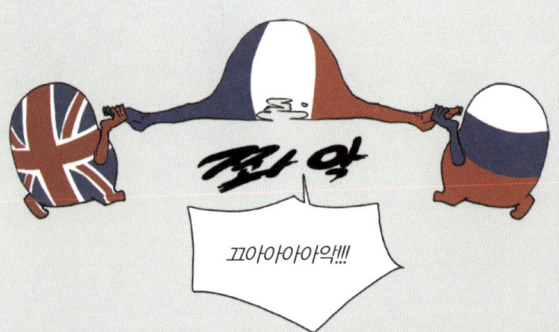

근데, 솔직히 지금은 우리가 좀 후달리지 않는감…

님 쫄?

아니, 독일과의 전쟁에 대비해 동맹 맺어놓은 러시아는 러일전쟁과 혁명으로 거의 빈사 상태인지라 현재로서는 무쓸모고,

영국은 상황 정리되기까지 딱히 어디 개입하고 싶어 하지 않아 하고,

프랑스 단독으로 독일을 상대할 수 없음은 자명하고…

1:1 ㄱㄱ?

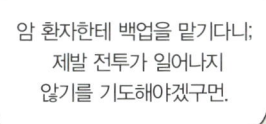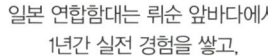

그리하여 사세보로 귀항한 1월부터 영국 고문관들의 지도하에 영국 해군의 최신 전포 통제 사격을 몇 개월간 집중 연마했습니다.

영국제 최신 거리측정기

함교에서 사통반이 제원을 따면, 함교의 포술 장교가 인터폰으로 각 포탑에 일괄적으로 사격 명령을 하달해, 모든 함포가 동일한 표적을 같은 타이밍에 때리는 것이죠.

다만, 파도로 요동치는 함선 위에서 빠르게 움직이는 적 함선을 예측 사격하는 것인지라, 솔직히 전포 통제 사격이 그리 유용할지 어떨지는;;

그 문제를 해결하고자, 작년(1904년)에 개발된 사격통제 기계들을 가져왔지요!!

두마레스크 계산기
적함의 방위와 속도를
실시간으로 계측합니다.

빅커스 시계

원시 고대 사통
컴퓨터랄까.

적함까지의 거리를
실시간으로 표시합니다.

(딱히 일본 측에
제공해주지는 않았지만)

주포 속사 훈련도 빡세게 실시.

발틱함대의 주포-
30.5cm 크루프포는
총 20문!

일본 연합함대의 주포-
30.5cm 암스트롱포는
총 16문!

포문의 열세를
연사 속도로 극복한다!
공속 +50 버프!

러시아 주포는
1발에 2분 30초!

일본 주포는
1발에 1분!!

제 7 장

쓰시마 해전

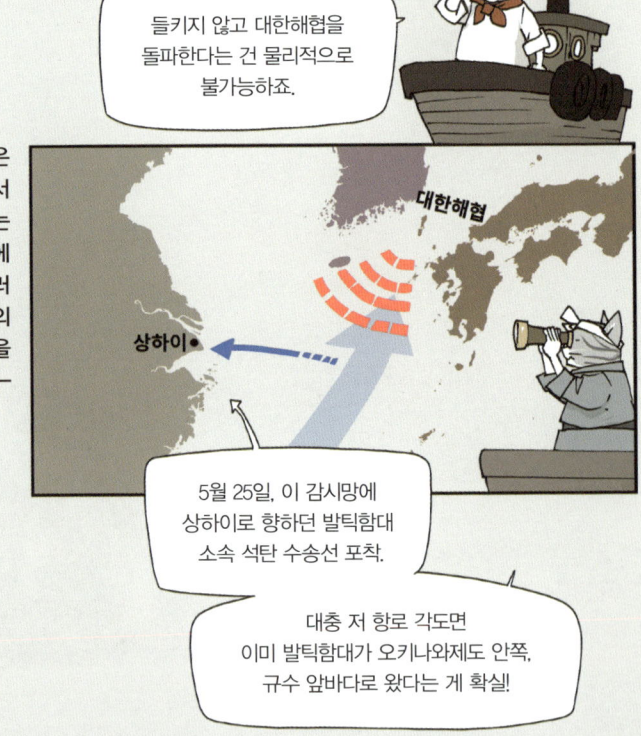

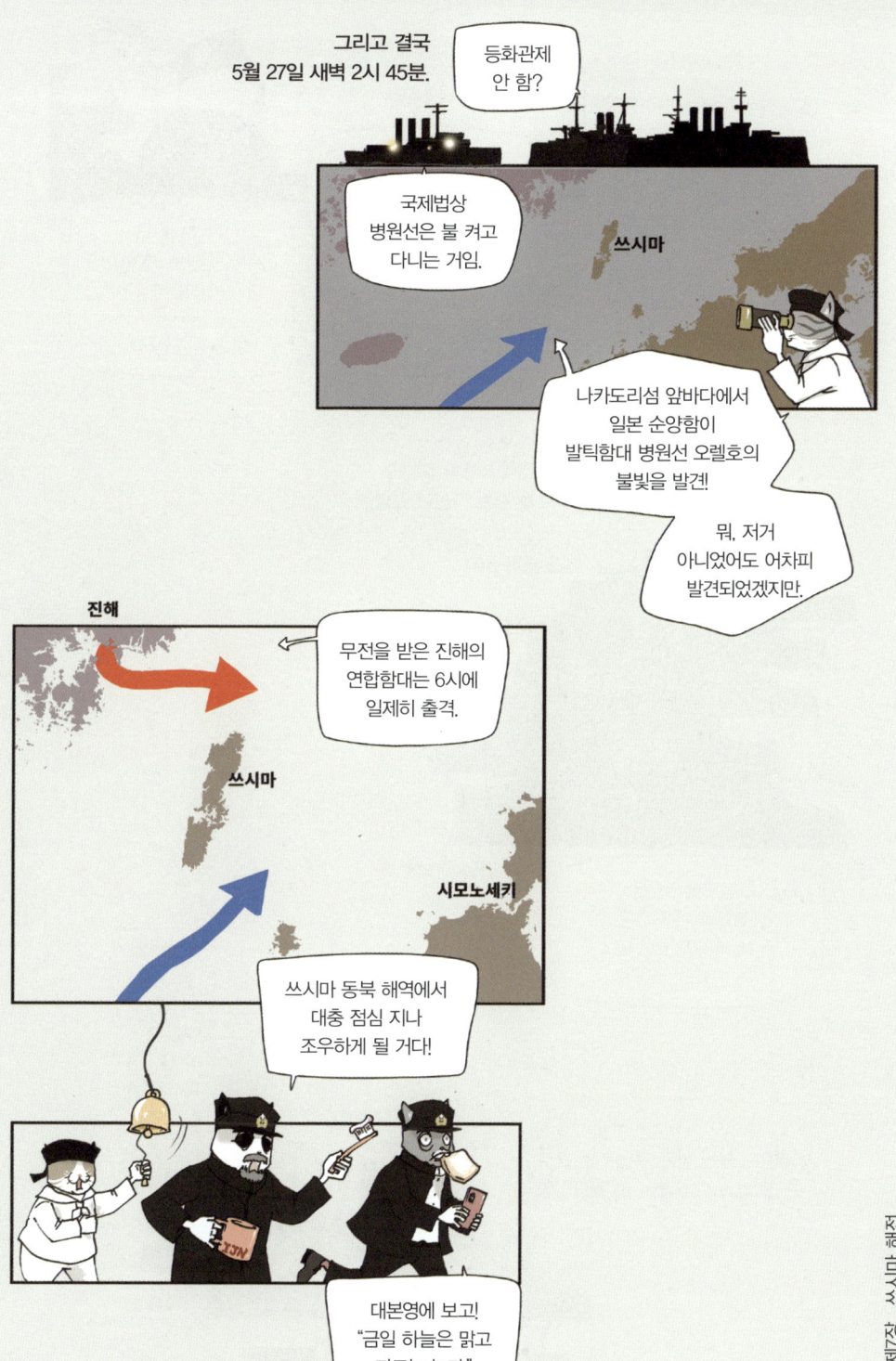

이때쯤 발틱함대도 옆에 따라붙은 일본 순양함을 발견.

음, 역시 일본 내해나 마찬가지인 좁은 해협을 안 들키고 지나갈 수는 없었겠지…

오히려 좋아!! 우리 전함은 8척이고 저쪽 전함은 4척이니 당연히 함대 결전 해야지!!

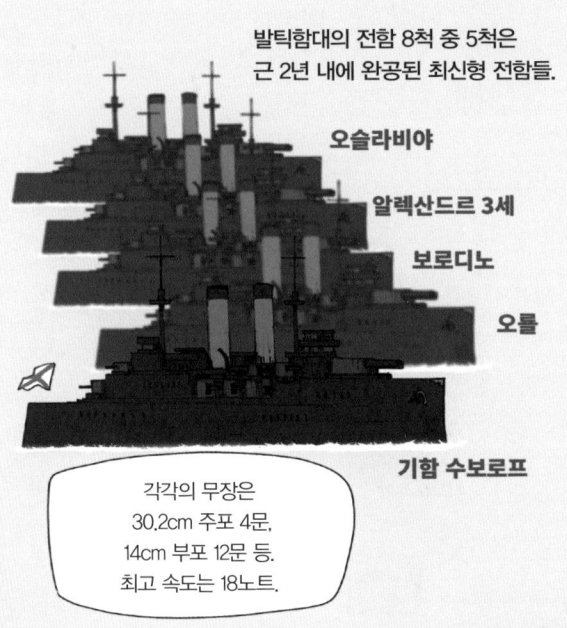

발틱함대의 전함 8척 중 5척은 근 2년 내에 완공된 최신형 전함들.

오슬라비야
알렉산드르 3세
보로디노
오룔
기함 수보로프

각각의 무장은 30.2cm 주포 4문, 14cm 부포 12문 등. 최고 속도는 18노트.

하지만 다른 3척은 10년도 훨씬 넘은 구형 전함들로, 최고 속도가 15노트 될랑말랑.

니콜라이 1세
나바린
시소이

이에 맞서는 일본군의 전함은 단 4척! 뤼순에서 2척을 기뢰에 잃었다!

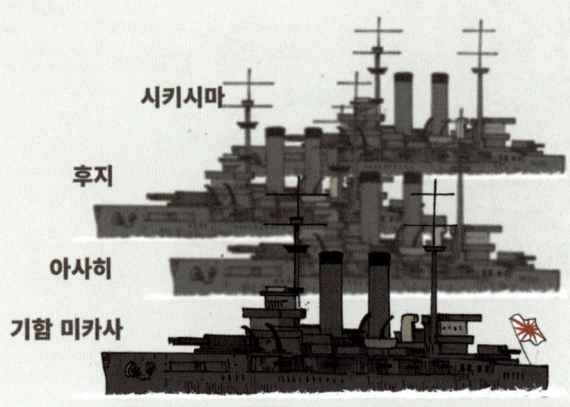

시키시마
후지
아사히
기함 미카사

무장은 러시아 전함들과 거의 동일. 최고 속도는 약간 더 빠르고.

그리고 순양함은… **25척.**

특히 장갑순양함들은 무장, 방호력, 속력 모두 러시아 순양함들보다 우수하다.

구축함은… 21척.

수뢰정… 45척.

일본 홈그라운드니까 싹 다 모을 수 있었겠지.

그 밖에 청일전쟁 때, 위해위에서 끌고 온 '진원'도 참전하고 있고…

여긴 어디, 난 누구;;

유신 초기에 도입한 갑철함도 등판.

양이다! 양이!! 서양 오랑캐를 무찌르자!!

그렇게 가용 전력을 죄다 긁어모았기에 전함 숫자는 일본 측이 8:4로 열세지만, 함대 총톤수에서는 일본 측이 앞선다.

발틱함대가 15만 6천 톤.

연합함대가 20만 2천 톤.

저글링 개떼 전술을 보여주갔어.

115 제7장_쓰시마 해전

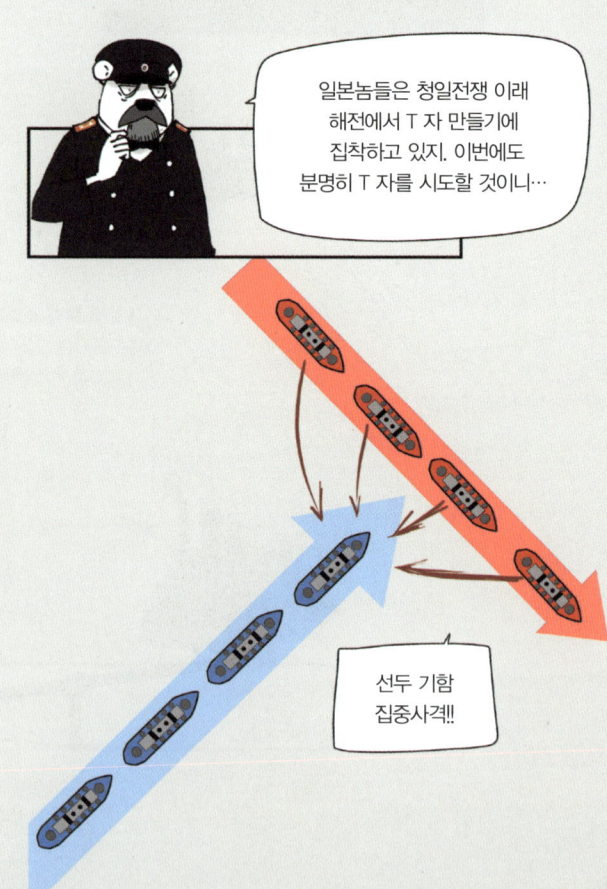

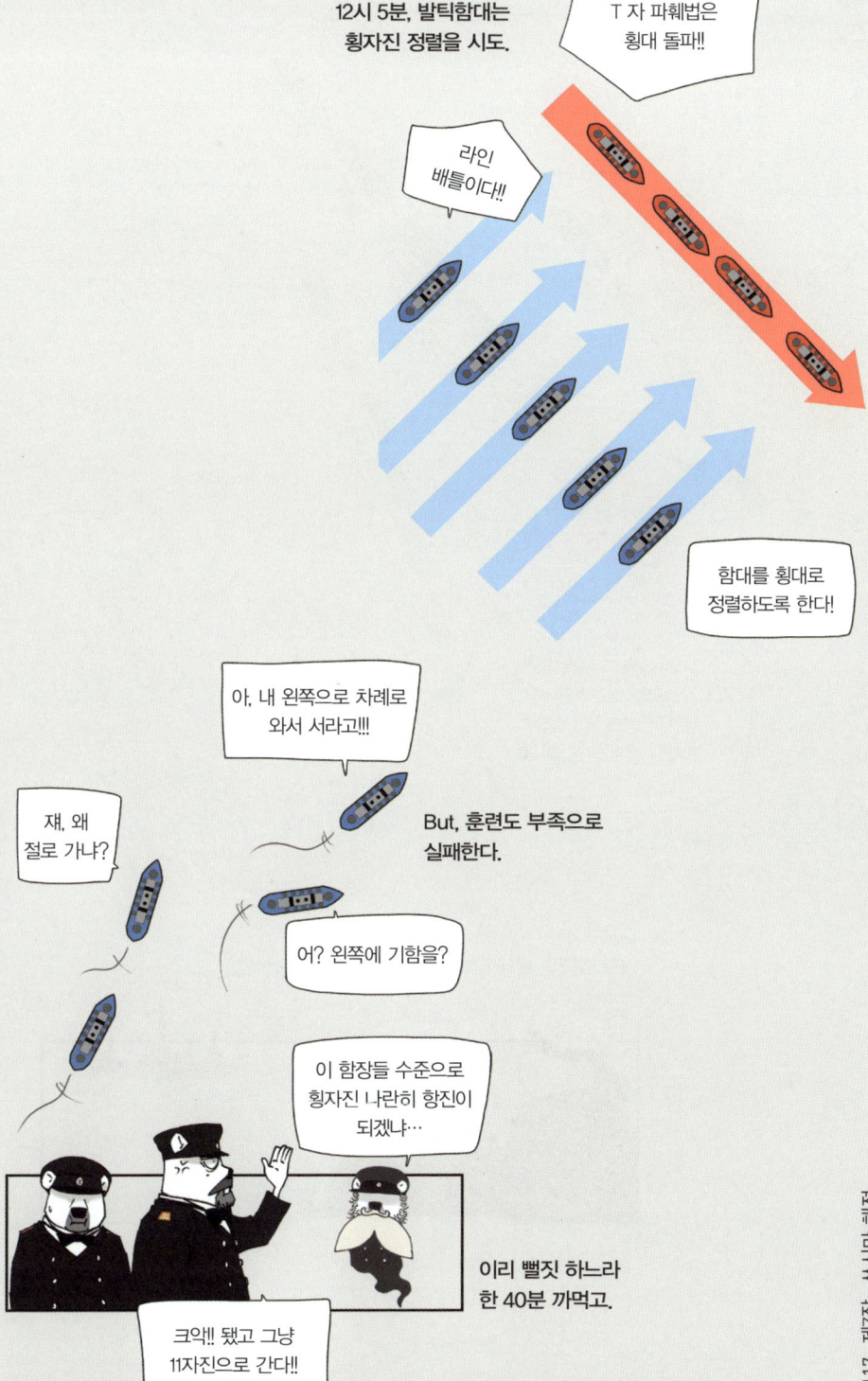

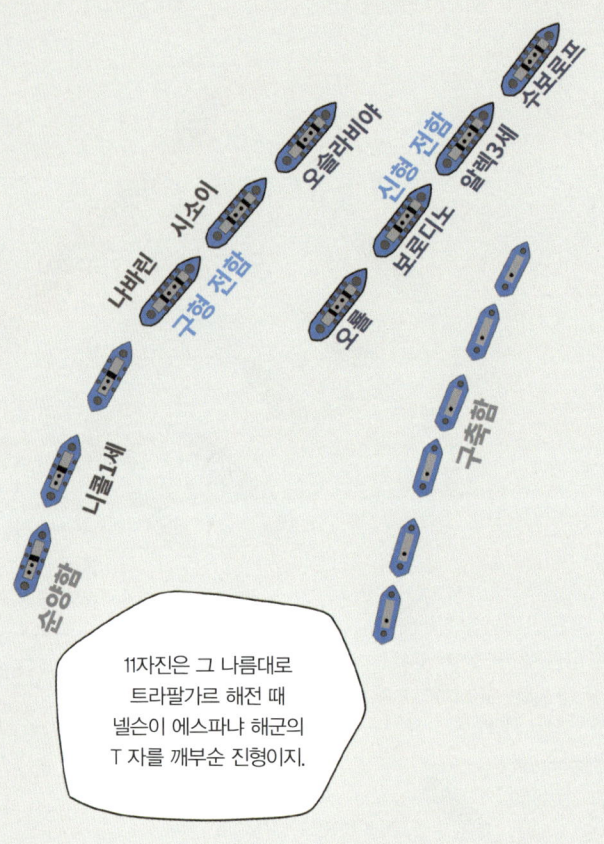

11자진은 그 나름대로 트라팔가르 해전 때 넬슨이 에스파냐 해군의 T 자를 깨부순 진형이지.

13시 20분,
양측 함대의 본대가 15km 내로 접근해 서로 확인.

7개월간 기다린 전투가 드디어 시작되는가;;

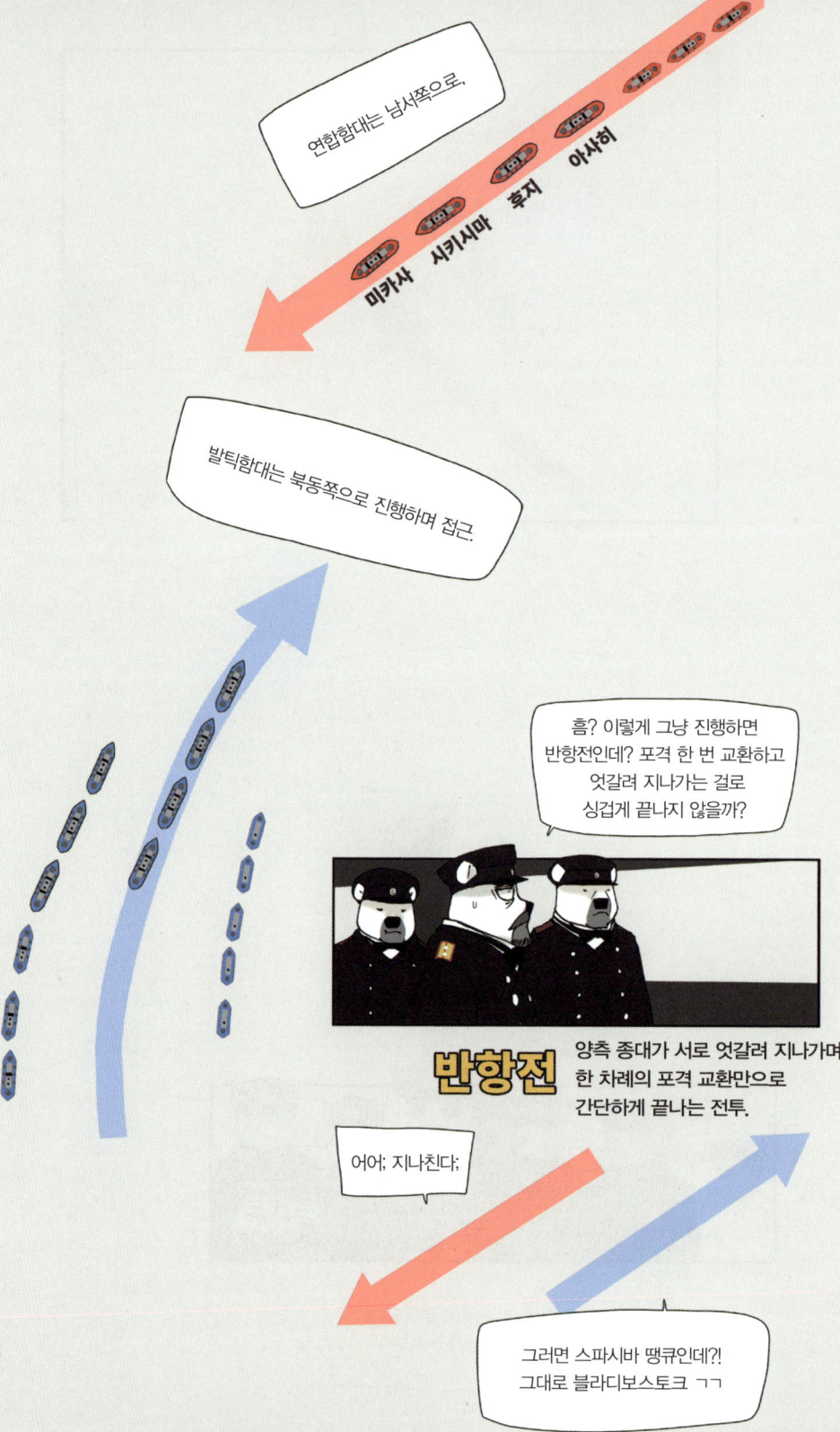

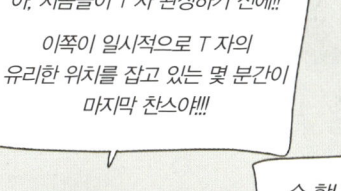

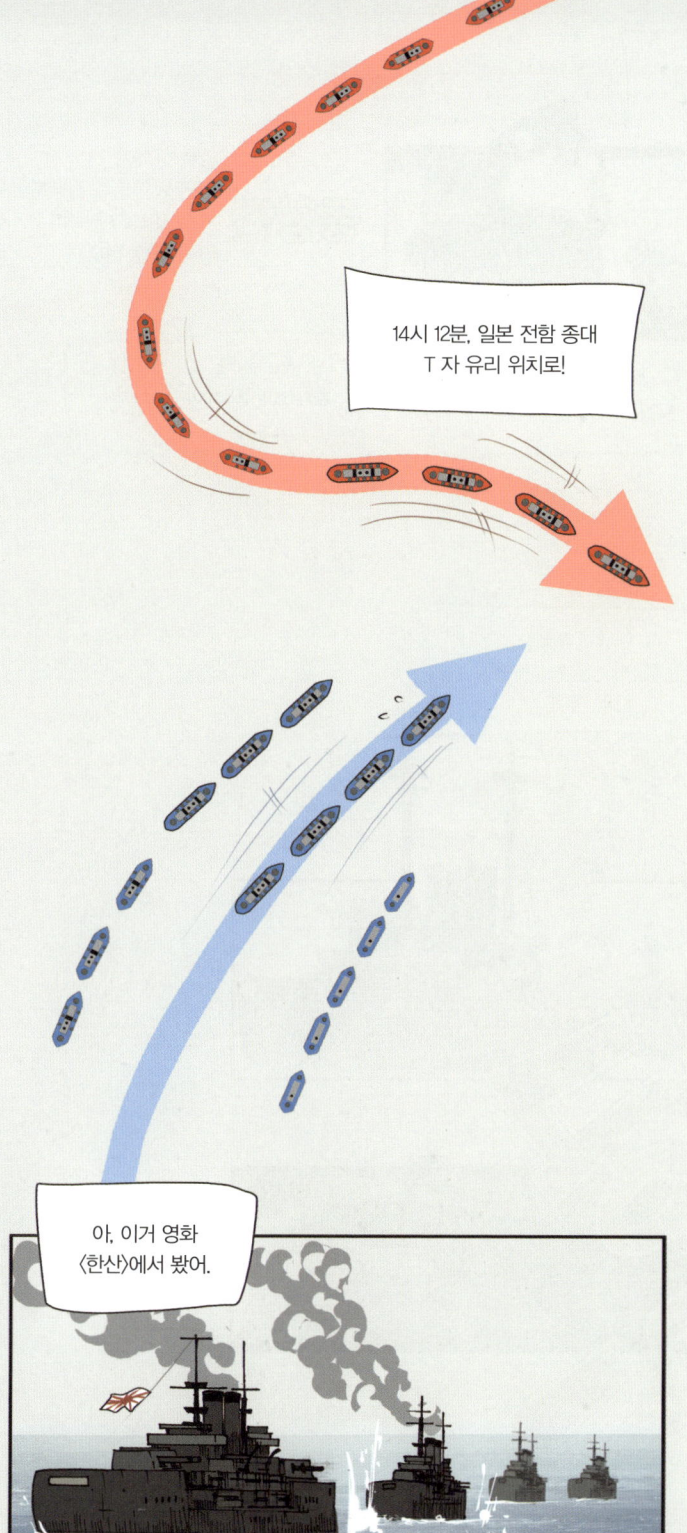

동항전
양측 종대가 같은 방향으로 진행하면서 계속 포격 교환하며 같이 가는 전투.

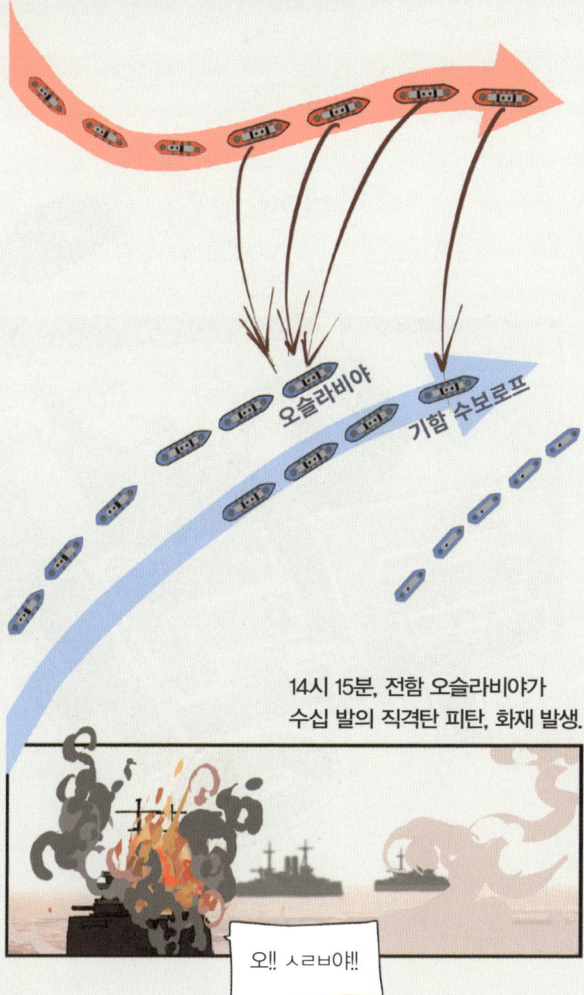

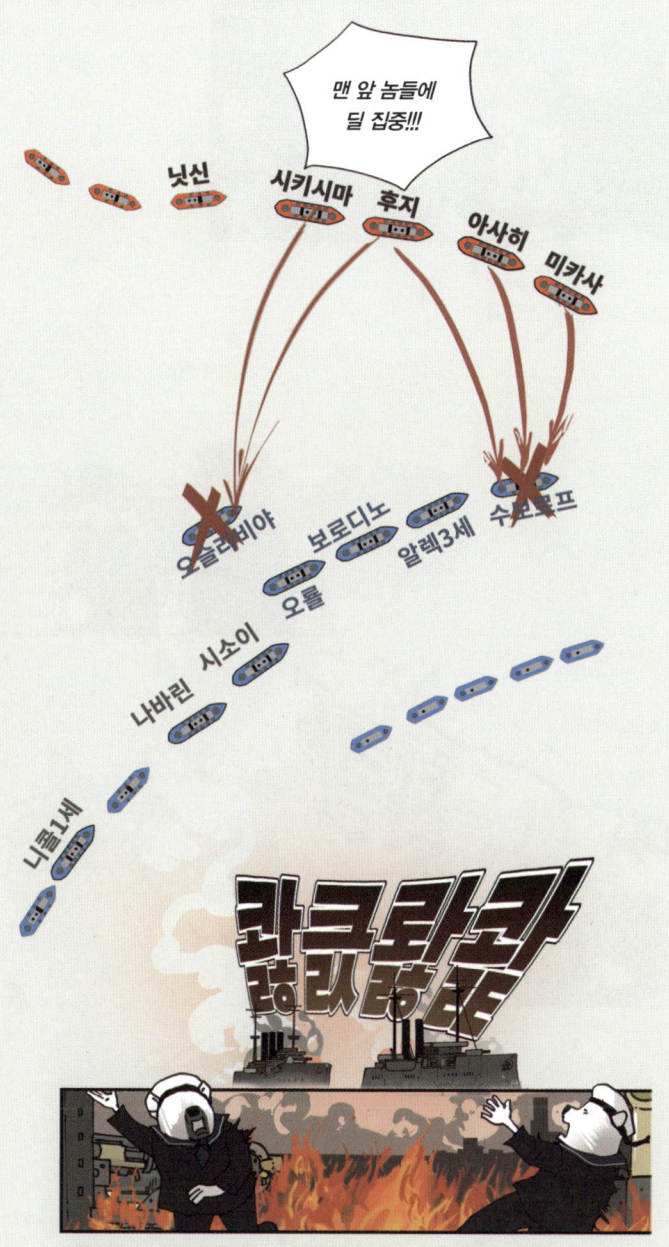

발틱함대 선두의 두 전함, 기함 수보로프와 오슬랴비야는 100여 발의 집중 포격을 얻어맞고 전투 개시 20분 만에 대충 무력화.

14시 25분경, 수보로프 함교를 세 번째로 맞춘 포탄에 로제스트벤스키 제독은 머리와 어깨, 양발에 중상을 입고 혼절.

아… 모른직다… 숟 함, 블… 블라디보스토크로 계속… ㄱ; ㄱ;;

대충 이길 거 같은데…

이거 잘하면 싹쓸이각이네요.

우와아아악!!!?

아, 너무 이른 입털기였나요?!

으어;; 15cm 차이로 뒤질 뻔했네;;

같은 시각, 미카사의 후방 돛대에 적탄이 직격해 함교 지휘부가 몰살당할 뻔함.

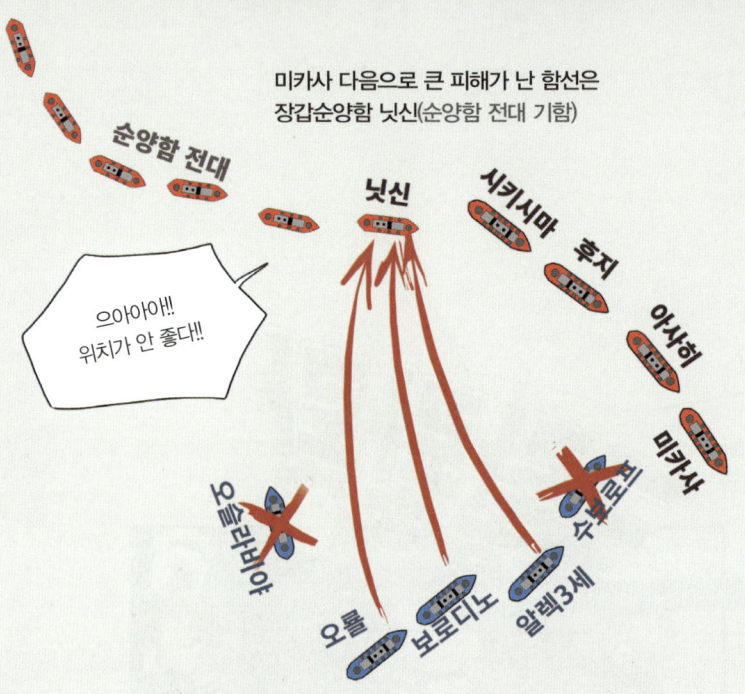

닛신, 함교 피탄.

다케우치 함장 부상 | 순양함 전대 사령관 미스 제독 중상 | 마쓰이 참모장 전사

이에 잠시 동안 아르헨티나 관전 장교 가르시아 대령이 닛신을 지휘했다고 한다.

일단 왼쪽으로 춋또 빠집시마쇼우~!

원래 닛신을 아르헨티나로 몰고 가기로 되어 있던 사람이라 이 배를 가장 잘 알죠.

그 시각, 닛신의 하부 포탑에도 적탄이 작열. 야마모토 이소로쿠 소위의 오른쪽 손가락 2개가 날아간다.

으아아아!! 이제 마우스 어케 잡지?!?

장병들의 분투에도 불구하고 15시 10분, 오슬랴비야 침몰.

포격전에서 침몰한 최초의 현대식 전함;;

17시 30분, 부상당한 로제스트벤스키 제독이 수보로프에서 구축함 부이니로 이함.

나를… 바다에 던져라…

이후 계속 불타던 수보로프는 저녁 늦게 침몰.

저 결말을 위해 7개월간 지구 반 바퀴를 돌아오다니;;

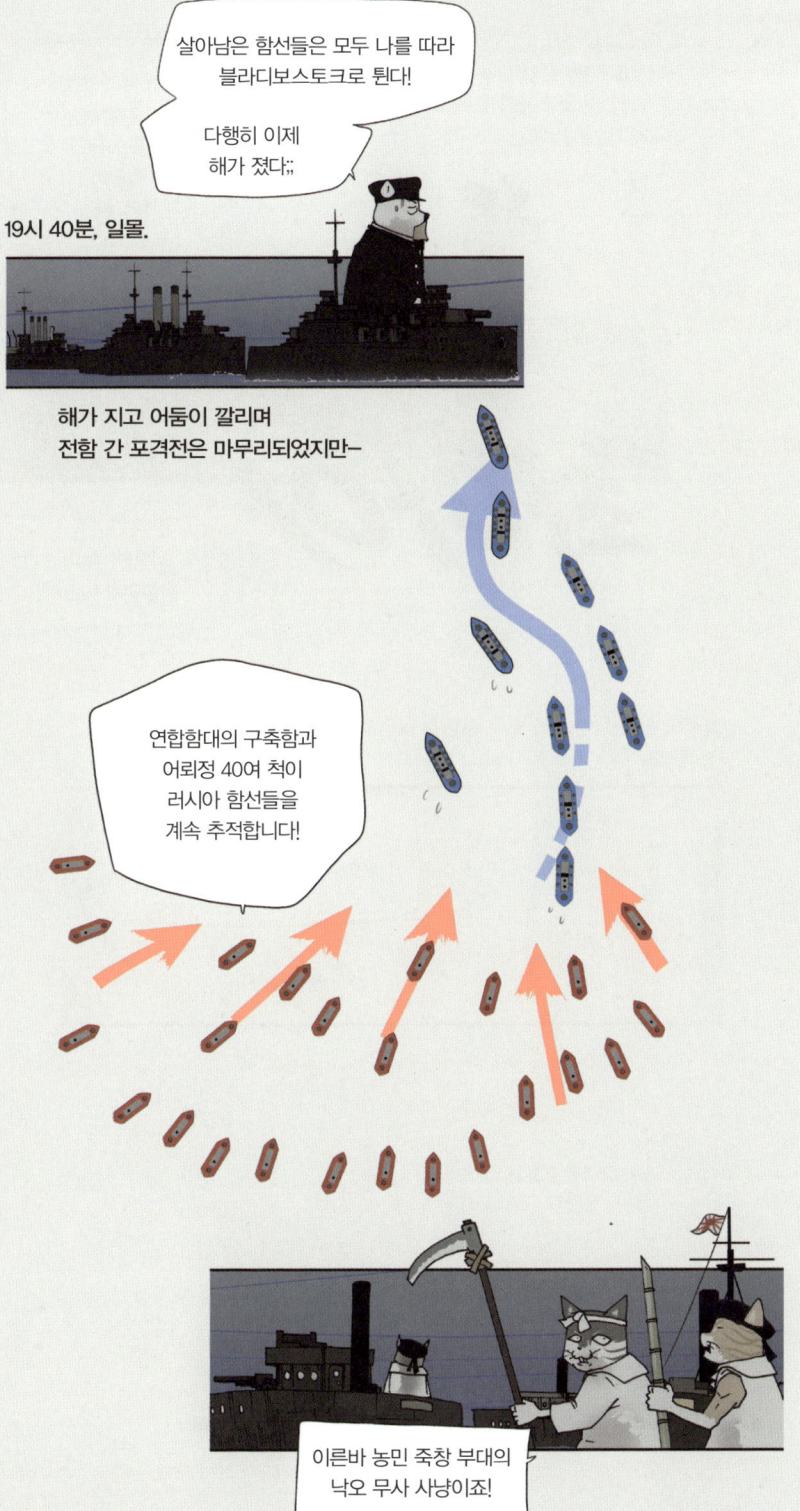

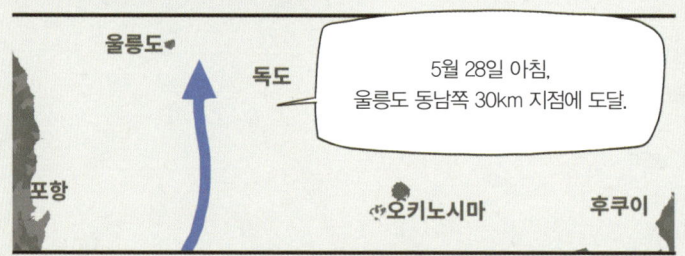

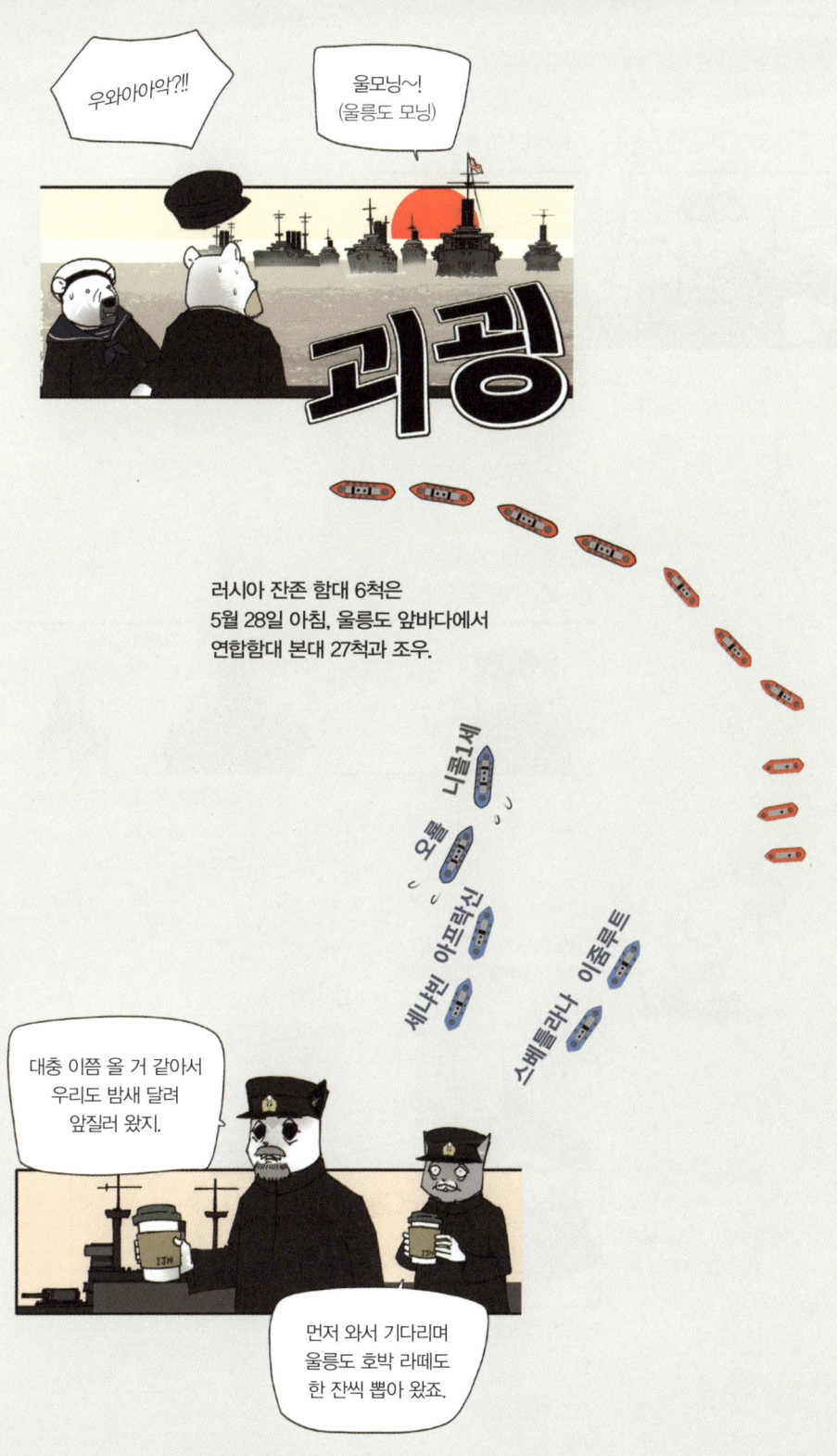

후위에 있던 순양함 2척은
필리핀 마닐라까지 도주.

미국 측에 의해
무장 해제되었고.

"이제 태평양은
왜놈들이 잡는다
안 카요!!!"

"일본놈들이 언젠가
필리핀까지 올 것인가?!"

석탄 수송선은 마다가스카르까지
논스톱으로 Run.

"적재한 석탄을
죄다 써서;;"

로제스트벤스키 제독은 5월 28일
16시 30분, 일본 측에 포로로
잡혀 사세보로 후송된다.

"바다에
던지랬잖아…"

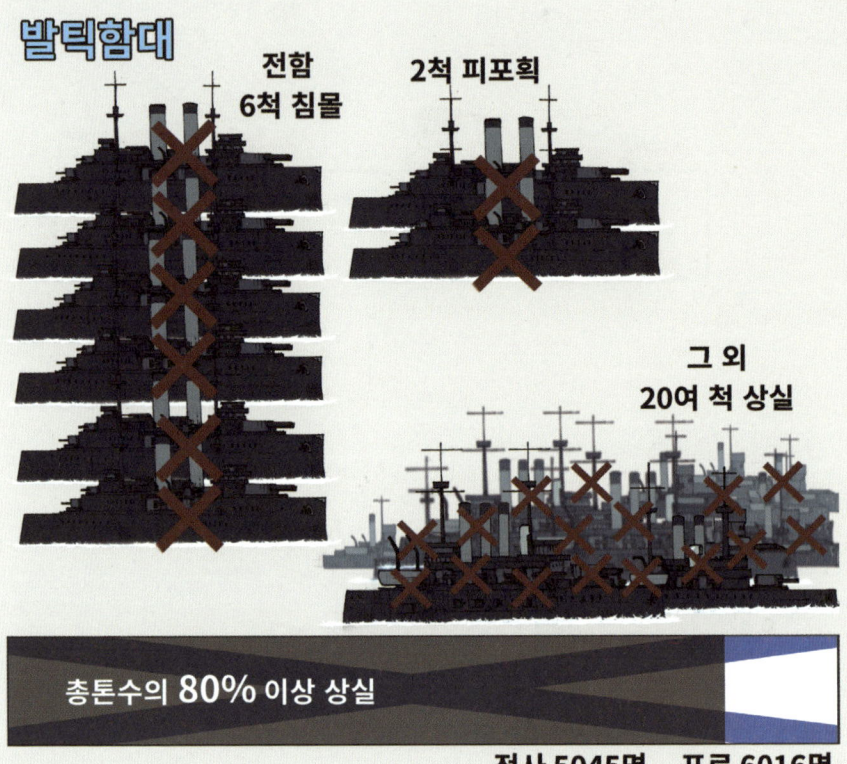

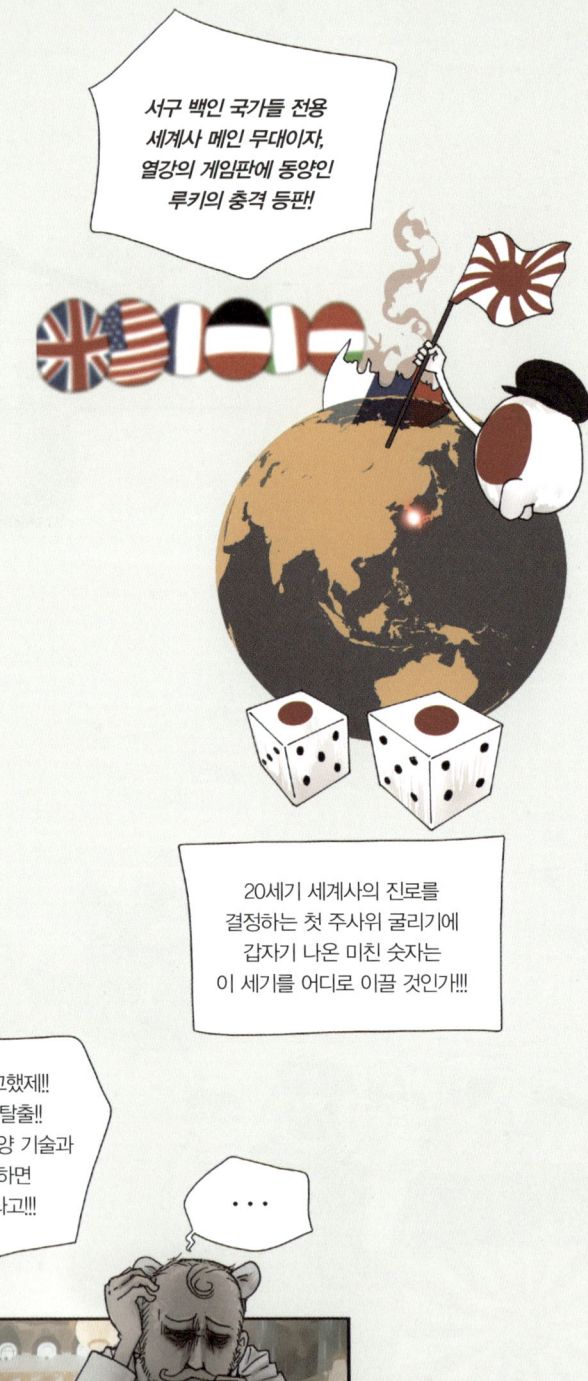

제 8 장

포츠머스 조약

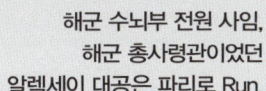

해군 수뇌부 전원 사임, 해군 총사령관이었던 알렉세이 대공은 파리로 Run.

"저 여자의 귀에는 우리 순양함들이!! 목에는 전함이 걸려 있다!!"

여배우 엘리자 발레타

대공의 애첩도 다이아몬드를 주렁주렁 걸치고 따라서 Run.

알렉세이 대공은 함선을 발주할 때마다 건조비의 약 10%를 리베이트로 받았다죠.

포템 / 방출

1905년 6월 27일에는 흑해함대의 전함 3척 중 포템킨호에서 수병 반란 발발.

뭐, 대충 2주 만에 진압되긴 하지만…

…

폐하;; 전쟁 수행은 고사하고,

사직의 보전도 장담할 수 없는 형국이외다;;

비상 국방위원장
N. 니콜라예비치 대공
(차르의 당숙)

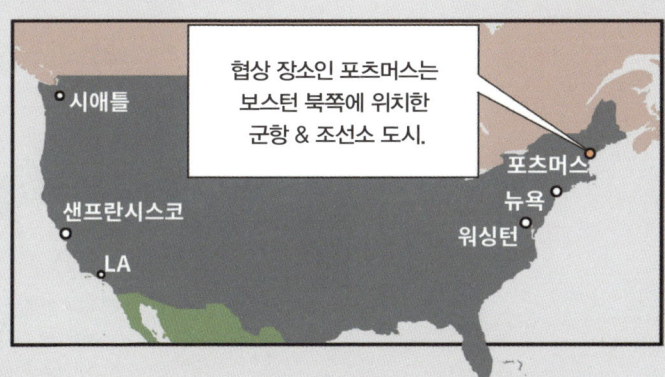

러일 양국군은 만주에서 철군.
이로써 1년 반에 걸친 러일전쟁이 종결된다.

러시아

총사망자
약 8만 1천 명

부상 14만 6천 명

전쟁 비용과 피해액
약 66억 루블
(1903년의 국가 예산 :
19억 루블)

일본

총사망자
약 8만 8천 명

부상 15만 3천 명

전쟁 비용과 피해액
약 20억 엔
(1905년의 정부 세입 :
4억 엔)

제 9 장
전이외졌

10월 선언

일리야 레핀 作 <10월 17일>

헌법인 국가 기본법 흠정!

의회인 국가 두마 설립!

(황제 대권이 더 강한 독일식 전제 헌법이지만…)

두마 소집을 위해 러시아 최초의 총선거!

(뭐, 물론 납세액별 차등 투표권이지만…)

그 기세로 사회주의 세력을 신속하게 무력 진압!

그렇게 온건 개혁파를 달래 우군으로 삼고.

아오;; 결국 압제 체제와 부르주아 세력의 야합일 뿐인 게지!!

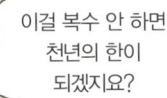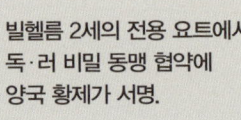

1905년 11월, 니콜라이 2세는 힐링 사제 라스푸틴과 첫 만남.

MEANWHILE, 포츠머스 조약 소식이 전해진 일본에서는—

9월 5일, 도쿄 히비야 공원에서 조약 반대 국민대회 개최.

헌정본당 2인자 고노 히로나카 등 야당 의원들과 《만조보》 등 주전파 언론사들이 목소리를 높이고.

몰려든 수만 명의 군중은 곧 폭도화해 경찰과 충돌.

경찰은 군중에 압도당해 무력화되고, 도쿄도 내 파출소 수십여 개가 파괴된다.

그리고 90여 년에 걸쳐 이어져온
영국과 러시아의 그레이트 게임이

러시아의 참패로
사실상 종식되면서—

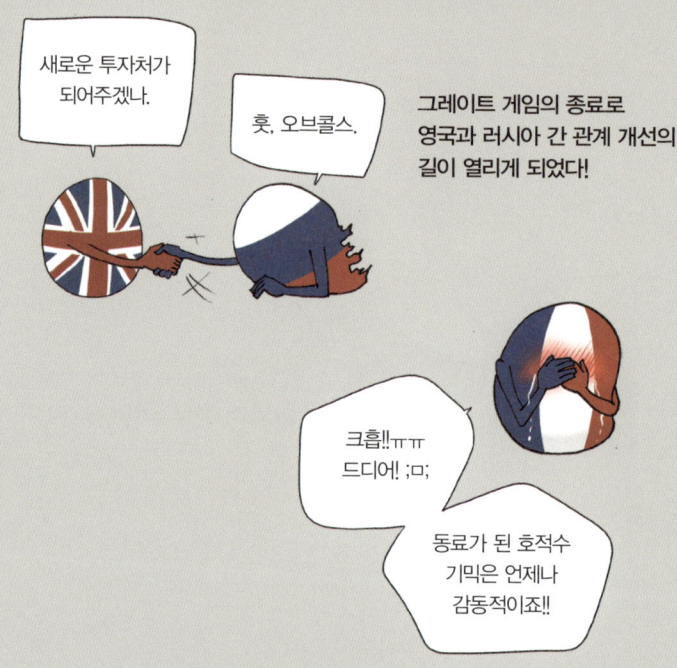

그레이트 게임의 종료로 영국과 러시아 간 관계 개선의 길이 열리게 되었다!

"새로운 투자처가 되어주겠나."

"훗, 오브콜스."

"크흡!!ㅠㅠ 드디어! ;ㅁ;"

"동료가 된 호적수 기믹은 언제나 감동적이죠!!"

영·불·러– 독일 포위망 대전략의 큰 그림이 그려지려는 와중에, 러시아가 일본 따위에 칼찌당한 상처로 치명상을 입고 피 흘리는 건 누구도 원치 않는 것.

"오오~ 예이~;; 멋진 그림이므니다~;; 좋은 사랑 하세요우~;"

"하, 그러니 일단은 부스러기 보상들이라도 확실히 잘 챙겨야겠죠…"

제１０장

일진s

1895년, 동학의 깃발이 꺾였을 적에-

전봉준을 비롯한 남접의
수뇌부는 전멸.

교주 최시형과 손병희를 비롯한
북접의 수뇌부는 도피.

1898년, 교주 최시형은 은신 끝에
체포되어 처형당하고,

손병희, 이용구 등은
일본으로 도주.

일본으로 건너가
흥한 신흥종교들이
좀 있지 않슴메?

일본에서 오세창 등의 망명객들과 교류하며 손병희는 개화사상을 받아들이게 되고.

아, 그 역관 오경석 옹의 아드님이시군요.

내가 동학에 입도한 거 우리 아버지가 알았으면 다리몽둥이 부러졌겠죠.

미야자키 도텐, 우치다 료헤이 등의 아시아주의자들도 접해보고.

동학 봉기의 전봉준 장군은 일본에서도 높이 평가!

일본에 온 중국, 베트남, 필리핀 민족운동가들을 일본의 아시아주의 세력이 다 케어해드리고 있죠.

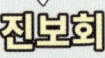

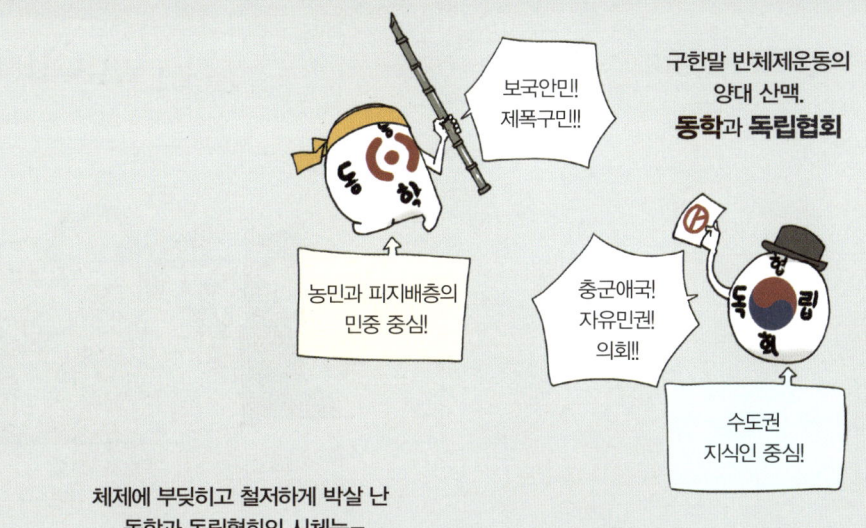

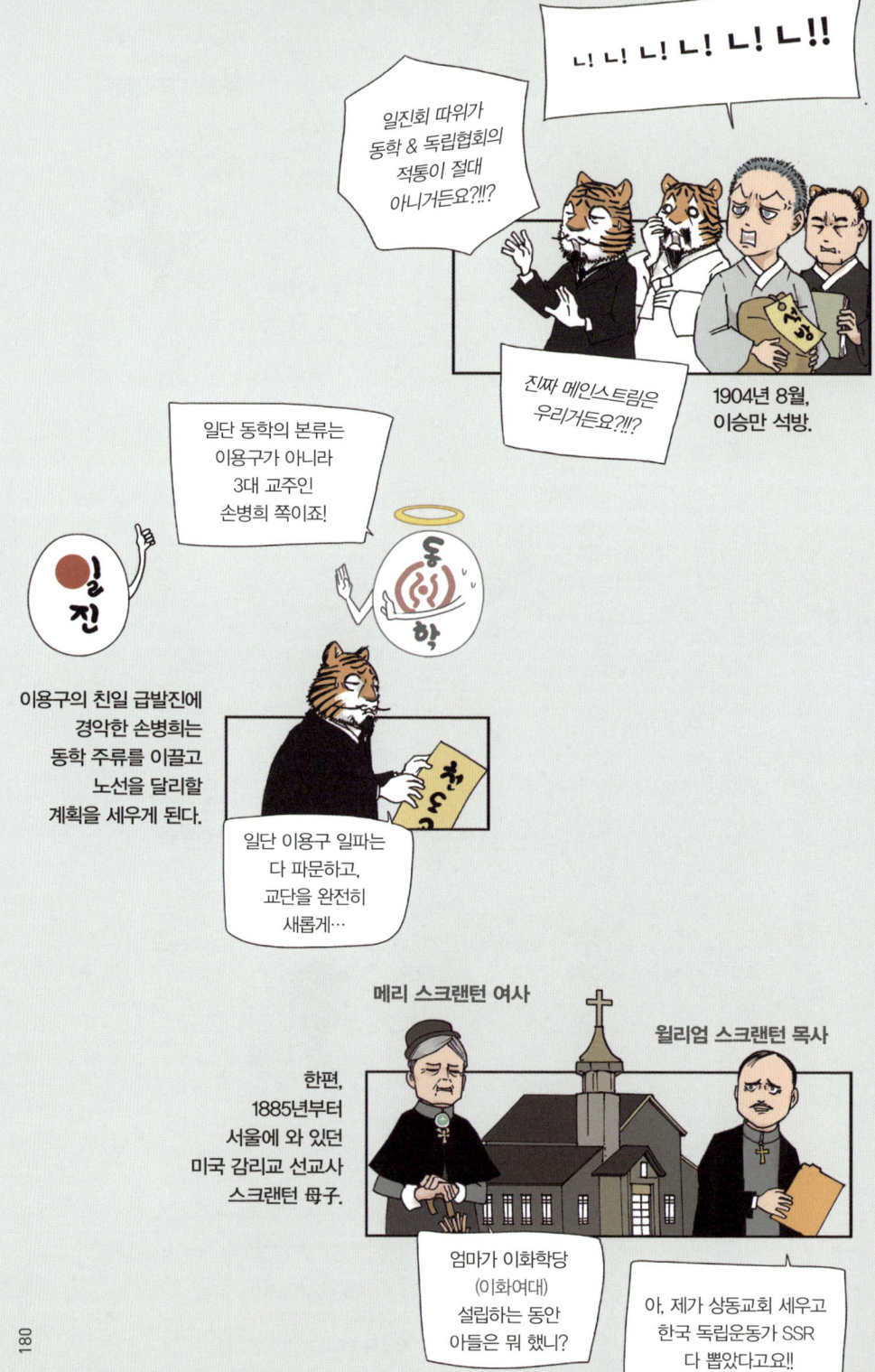

상동교회의 전덕기 목사가 주도한
상동청년회 & 상동청년학교!

여기에 다수의 쩐 젊은이가 합류하고.

전덕기 목사   이준   이동녕   이동휘   이승만   주시경   신채호   안창호   김구 등등

이들 독립협회 출신 운동가들이야말로 독립협회의 적통!

이 상동청년학교 그룹-
상동파가 독립협회의 진짜 후신이다!!

그리고 이 상동파가 그대로 '신민회'로 이어지죠.

일진회는 한반도의 진짜 권력인
일본군에 찰싹 유착합니다!

일진회는 러일전쟁 기간 내내 일본군에 적극적으로 협력.

다수의 인력을 물자 운송에 동원,
한반도 병참기지화에 앞장선다.

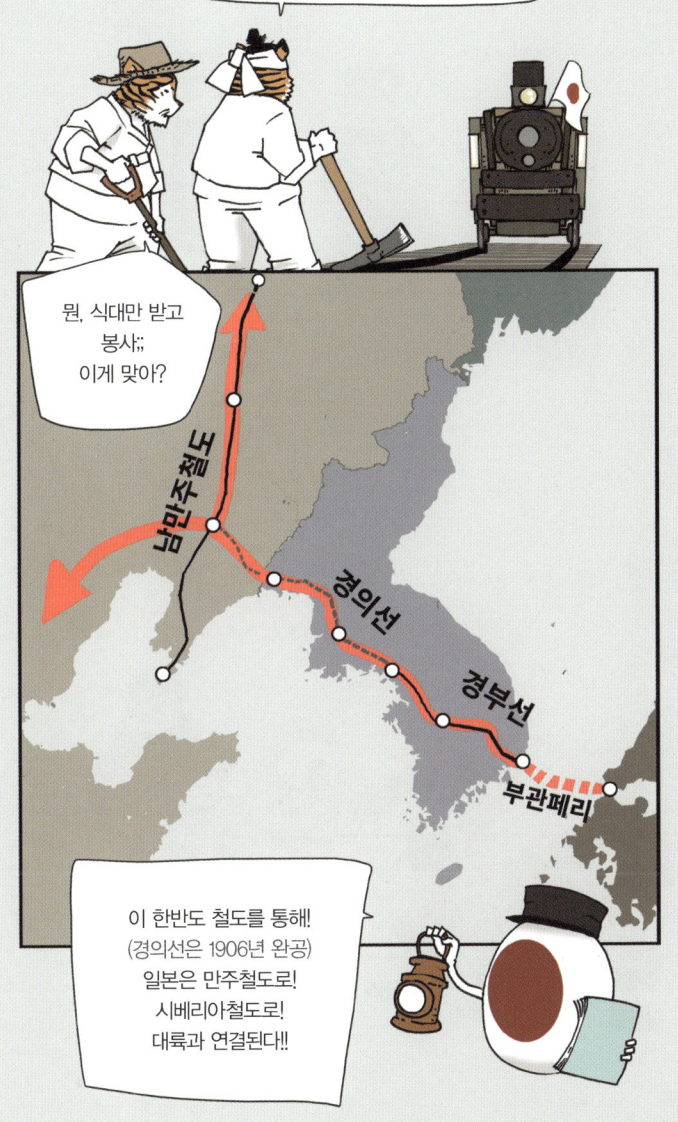

함경도 쪽에서는 간도의 이범윤이
러시아군에 협력, 두만강 일대에서
일본군의 작전을 방해한다.

제11장

To A美erica

서울 우정국로의 민영환 자택.

도련님, 간만에 인사 올립니다.

음…;

시종무관장 민영환

이 송병준이, 큰 어르신(민태호)께서 거두어주시어 민씨 집안의 가신으로 입신시켜주신 은혜, 일본에서도 잊은 날이 없습니다!

약소하나마 일본 토산품 이옵니다~

일진회 평의원장 송병준

하…;
매국노 셰퀴의 개소리긴 하지만, 어느 정도 맞말인 부분이 있을지도…

정녕 작금 조선 땅에서 의식 있는 이들의 유일한 정치 세력이 이거라고?

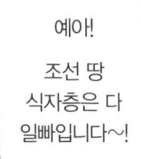

예아! 조선 땅 식자층은 다 일빠입니다~!

아시아주의! 일본만 믿고 갑니다!

이 얼마나 끔찍하고 무시무시한 개소리니!!!

현재 조선 땅 식자층의 진짜 메인스트림은 상동파다!!!

상동교회의 상동청년회가 이끄는 상동청년학교는 다른 여러 학교의 선생님들, 각계 인사들을 강사로 초빙해 각종 강좌를 개설하는 열린 아카데미를 추구했지요.

전덕기 목사   이동녕 총무

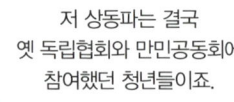

그리고 민영환은 이승만을 불러서-

ㅎ~ 폐하께서 이제 상동파와 친하게 지내고 싶으신 모양이군요?

뭐… 자네 같은 이들이 나라를 위해 일을 좀 해주길 바라고 계신다네.

자네가 늘 가고 싶어 했던 미국으로 가서 한국 독립에 대한 폐하의 뜻을 미국 권력자들과 언론들에 전하도록 하게.

어;; 물론 반가운 말씀이지만, 굳이 공식 외교 라인이 아니라 이런 비공식 루트를 쓰시려는 이유가?

그야, 러일전쟁 개전하면서 나라가 일본한테 점령되고.

의정대신 이근명, 참정대신 심상훈은 그저 허수아비일 뿐,

정부 내각은 친일 괴뢰정부.

친일파 **이지용**과 **박제순**이 내부대신과 외부대신을 번갈아 맡고 있고.

군부대신 이근택

궁내부 특진관 이완용

친일 코인 탑승하길 천만다행.

러일전쟁, 일본이 이긴다?!?

이완용도 이 시점에 완전히 친일로 갈아탔고.

더구나 고문정치하, 외부 고문으로 와 있는 일빠 스티븐스가 공식 외교 업무를 매의 눈으로 감독하고 있으니.

조선 외부는 뻘짓하지 말고 갓본 지시만 잘 따르면 되는데스.

도저히 공식 외교 루트를 이용할 수 없는 고로, 황제 비선 라인의 밀사 외교를 모색 중임.

러일전쟁 개전 직후인 1904년 3월, 헐버트를 헤이그로 보내 유럽 각국에 한국의 처지를 호소토록 했고.

주러 공사 이범진은 친일 정부와 연락을 차단한 채 러시아 측과 우호적 접촉을 이어가고 있고.

일본군을 피해 도주한 현상건도 유럽을 돌며 한국 독립의 입장을 전하고 있다.

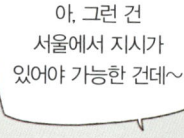

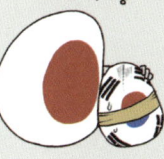

제 1 2 장

이상한
극동의 앨리스

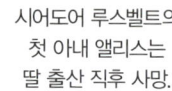

"난 일 다 봤으니, 앨리스 양은 천천히 더 둘러보고 놀다 오세요~"

필리핀 방문 후, 태프트 장관은 홍콩을 거쳐 미국으로 귀환.

9월, 엘리스 일행은 베이징을 방문해 서태후 알현.

"ㅎㅎ, 내가 중국에서 전족을 없앴다오~"

"서태후 마마는 엘리자베스 여왕, 예카테리나 여제, 클레오파트라와 동급의 위대한 지도자인 거 같아요!!"
(실제로 한 말)

"광서제는 그냥 꿔다 놓은 보릿자루 같아요. 벙어리에 귀머거리인가?"

1905년 9월 19일, 앨리스 일행은 전함 오하이오를 타고 인천 도착.

"아이고, 미국 공주님이 여기까지 와주시다니~"

"미국놈들이 최신형 전함을 한국과 일본에 이리 들이미는 건 뭔가 의미가…"

"한국인들은 다들 체념의 기색 완연… 무력해보이고…"

"일본군은 득의양양하게 서울 시내를 으스대며 돌아다닌다…"

아, 한반도가 우리 퀘스트 보상이라고요!

한국에선 술 마실 때 그거죠? APT~ APT~

별빛이 흐르는 다리를 건너?

9월 20일, 경운궁에서 황제와 오찬.

"한국 황제, 황태자 모두 음울한 사람들이었다…"

하… 태프트 장관이 한국 안 온 부분에서 이미 외교적으로 텄는데;;

그래도 저 미국 공주를 통해 일본에 대한 한국인들의 감정을 미국 사람들에게 알릴 수 있을지도?

"미국인들한테 잘 좀 말해줘요~"

9월 29일, 앨리스 일행은 경부선 기차를 타고 부산으로 내려가 일본으로 향한다.

"흠음~ Korea~ 제 평점은요~
볼거리 ★★★
쇼핑 ★
숙박 ★
음식 ★★
교통 ★
스릴 ★★★"

10월, 다시 일본 입국.

"음? 두 달 전이랑 분위기가 많이 다른데?"

"아, 지금 일본인들이 미국에 많이 실망했어요;;"

"9월 5일에 조인된 포츠머스 조약 내용이 알려지면서 말이죠;;"

일본인들의 기대를 철저히 배신한 내용이라 막 폭동 일어나고, 미국 교회, 학교 등에 불 지르고 난리도 아니었지요;;

"미국놈들이 중재랍시고 나서서 러시아 편만 들어줬다!!"

210

뭐, 그러거나 말거나 미국 공주는 마지막 쇼군도 만나보고, 잘 놀다 갑니다~!

도쿠가와 공작 요시노부(68세)

아빠가 겁나 부러워할 듯요~ㅋ

나님이 불어는 조금 할 줄 알져~ㅎ

1905년 10월 13일, 앨리스는 아시아 순방을 마치고 귀국길에 오른다.

외교적으로는 딱히 별 의미 없는 공주님 관광 여행이었군.

이제 우리는 외교 일정의 가장 중요한 최종 단계를 진행하자고들~!

열강에 한반도를 일본 나와바리로 인정받는 절차는 이미 다 진행했지!

1905년 7월 29일, 가쓰라·태프트 밀약!

미국은 한반도가 일본 나와바리인 거 인정!

1905년 8월 12일에는 2차 영일동맹 조약!

영국도 한반도가 일본 나와바리인 거 인정!

일본은 동맹의 보장 범위를 영국령 인도까지 확장합니다!

최종적으로 1905년 9월 5일, 포츠머스 조약!

러시아는 한반도가 일본 나와바리임을 용인합니다…

제 1 3 장

보호국을 향하여

1904년 2월,
러일전쟁이 막 시작되던
그 시점에

일본군이
서울을 점령한 직후인

1904년 3월, 한국 조야를
달래러 이토 히로부미가 1차 방한.

마침 2월에 경운궁이
화재로 전소한 상황.

원, 약소하나마 궁궐 재건
비용으로 써주십사…

아이고, 전쟁 치르느라
빠듯할 텐데 뭘 이런 걸 다~ㅎ

30만 엔을 황제에게
헌납해 그 마음을 풀었고.

이 러일전쟁 개전 시점에서는
아직 승패가 불분명했기에 되도록
한국을 달래는 게 중요했지요.

아따, 우린 저 로씨아
양귀에 맞서는 동양 부라데!!

자~ 전쟁 끝났으니 국제적으로 일본의 퀘스트 보상으로 인정받은 것을 챙겨야겠지요?

포츠머스 조약 체결로부터 2개월 후 이루어진 이토의 2차 방한은-

어??? 어어어어?? 어어어어????

작년의 꽃할배가 망태 할아범으로 돌아왔다?!

1905년 11월 9일, 서울에 도착한 이토 히로부미는 일단 일본 공사관으로.

외부 고문 스티븐스   주한 일본 공사 하야시

이번에 한국 외교권을 거둬들여 보호국으로 만드는 일과 관련해 본국 정부에서 정한 방침은-

일단은 한국 정부가 자발적으로 외교권을 일본에 위임하도록 합의를 유도한다.

뭐, 강제로 사인하라는 건 아니고, 어디까지나 본인 의지로~

만약 합의에 이르지 못한다면 부득이하게 한국 정부를 패싱해서라도 열국이 인정한 일본의 지도·보호 조치를 강행하도록 한다.

근데, 사실 님 의사는 크게 중요한 게 아니에요. 그냥 보기 좋은 그림 만들고 싶었을 뿐이죠.

물론, '좋은 그림'이 나오도록 하는 게 외교관의 역량!

한국에서 일이 제대로 진행되도록, 그동안 열심히 기반 공사를 해왔습니다.

재정 고문 메가타로

러일전쟁 기간, 한국에서 구입하는 물자의 대금으로 제일은행권을 뿌려 통화 주권을 완전히 장악했습니다.

크악; 금 태환도 안 되는 종이 쪼가리 지폐를;;

어후, 뭔 이런 허접 군대에 국가 예산의 3할을 낭비하고 있답니까? 예산 절반 컷!!

그리고 재정 건전화를 명목으로 국방비를 대거 절감, 군비축소 진행.

아니; 저기;; 안보 위기라면서 국방 예산을 왜;;

이에 분노한 군민들에게 일진회 회원들이 시내 곳곳에서 구타당하고 회관이 습격당하는 소요 사태 발생.

> 일뽕회놈들 똥꼬로 뽕을 뽑아주마!!

> 아아, 미개한 조센징들이 갓본의 큰 뜻을 헤아리지 못하는구나!

> 결국 세상에 좋은 일진 같은 건 없어요!

《황성신문》《제국신문》《대한매일신보》 등의 언론은 가열차게 보호국 책동 비판.

> 타국의 보호국이 된다는 건 이 약육강식 천하에서 결국 먹히는 쪽이 된다는 거다!!!

> 일뽕들은 진짜로 일본놈들이 은혜를 베푼다고 믿는 저능아? 아니면 앞잡이로 한몫 챙기려는 속셈이냐?!

> 응, 소요 사태 같은 건 일본군이 출동하니까 안심하세가와!

11월 중순, 조선주차군 2개 사단 중 15사단이 서울로 진입해 삼엄한 경비 태세를 갖춘다.

조선주차군 사령관
하세가와 요시미치 대장

"외교권의 내용은 가져가더라도 그 '형식' 만큼은 한국의 간판을 보존해주실 수 없겠소?"

한국의 외교를 일본 외무성이 주관하더라도 재외공관에 태극기 걸어두고, 외교문서, 여권 등에 대한제국 국명을 계속 써주는 걸로…

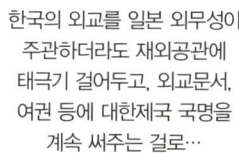

"무릇 외교란 형식과 내용에 구별이 없는 것입니다."

큿;; 안 되나;;

거, 책임지기 싫으시면 밑에 사람들이 합의한 거 어쩔 수 없이 재가한다는 형식으로라도 진행하십시다?

으음;; 우리 외부대신과 그쪽 공사가 교섭하고, 이를 우리 정부 대신들이 검토해 올리면 함 보겠소이다;;

오ㅋ

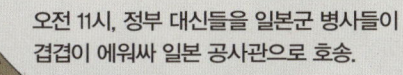

제 1 4 장

을사늑약

대신들이 주저하는 와중에 학부대신 이완용이 적극적인 조약 찬성론을 펼쳤다고.

어차피 우리가 동의하든 말든 이거 다 요식행위인 거 아시잖습니까!

러일전쟁이 저렇게 끝난 이상 여기서 백이숙제가 나든 말든, 이 나라는 올해 안으로 일본 보호국行이라고요.

어차피 작년 이래 우리 대신들 모두 폐하께 친일파로 찍혔는데, 여기서 충신열사 흉내 내며 버텨봤자 폐하께서 이쁘다 해주실 것 같습니까?

어영부영하다가 다 낙동강 오리알行. 제대로 된 애국자도 못 되고 제대로 된 매국노도 못 될거라고요. 그럴 바에는 차라리…

아니 #!@#%!! 무슨 '그럴 바에는 차라리' 으ㅈ르!! 매국노 아닌 그냥 평범한 사람으로 살면 되잖아!!!

앗 뜨거!!!

너네 다 폐하께 일러바칠 거요!!

23시경, 정부 수반 대행 참정대신 한규설이 '괴성'을 지르며 회의장을 탈출.

그렇게
1905년 11월 18일 02시,
2차 한일협약 조인.

1조
일본 외무성이 향후 한국의 외교를 모두 맡는다.

2조
한국과 다른 외국이 맺은 조약들은 일본이 맡아서 관리하고, 이후 한국은 외국과의 어떤 조약이든, 또 외교적 활동이든 일본을 거치지 않을 수 없다.

3조
한국 황제 폐하 직하에 통감을 두어 한국의 모든 대외 사무를 총괄토록 한다.

일본 영사관은 모두 이사관으로 변경하여 통감의 지휘하에 둔다.

4조
한·일 간의 기존 조약은 본 조약에 저촉되는 것을 제외하면 모두 그 효력이 계속된다.

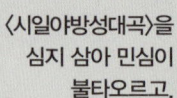

# 굽씨의 오만잡상

1901년 경운궁에 딸린 황실 도서관으로 건립된 서양식 건축물인 중명전은 1904년 경운궁 화재 이후 황제의 집무실로 사용된 중요한 건물입니다. 대한제국이 망하고 경운궁의 이름이 덕수궁으로 바뀐 뒤에도, 중명전은 120여 년간 자리를 지켜왔습니다. 2014년에는 덕수궁 돌담길, 정동길, 고종의 길(아관파천 때 고종이 경운궁과 공사관을 왕래하던 길) 등으로 둘러싸인 중명전 일대가 '정동 일대 지구단위계획'에 따른 '근대역사지구단위'로 지정되었습니다. 이후 서울에서 보기 드문 근대 서양식 건축물들의 풍경이 좀 더 때깔 좋게 다듬어지고 있습니다.

19세기풍의 서양식 건축물들은 뉴델리나 호찌민, 마카오, 상하이, 나가사키 등에서도 찾아볼 수 있습니다. 물론 이는 서세동점의 시대를 증언하는 풍경이지요. 저 건축물들은 서양이 한발 앞선 무력과 기술, 문화와 금력으로 세계 각지에 자신들의 근대를 이식하고, 동양이 이를 강제로, 또는 기꺼이 받아들인 역사를 증언합니다. 유럽인들이 자신들의 도시에 보존한 벨 에포크 양식의 건축물들이 그들에게 황금기의 향수를 불러일으킬 때, 동양의 도시들에 보존된 임페리얼리즘 양식의 건축물들은 동양인들에게 비운의 역사를 상기시키곤 합니다(일본은 제외). 정동도 결국 구한말 망국 엔딩의 배경임을 의식하지 않을 수 없지요.

그런데도 우리는 우리 도시의 근대 서양식 건축물들을 바라보며 분명 어떤 미감을 만끽합니다. 유럽인들의 정교한 건축 미학에의 감탄, 서구 문명이 이룩한 성취의 질감, 저 모던에 결국 우리도 포섭되었다는 안도감, 우리가 발 딛고 살아가는 현대 문명의 공간은 무량수전 배흘림기둥이 아니라 저 벽돌 파사드의 직계임을 무의식적으로 인정하는 투항감 등이 뒤섞인 복잡한 감상이라 하겠습니다. 제국주의자들이 식민지인들의 열패감과 외경심을 불러일으키기 위해 임페리얼리즘 양식에 공을 들였다는 이야기는 실로 그럴 법합니다. 다만 조선총독부 건물은 가평의 통일교 궁전과 동렬의 제국 신전, 또는 하이루프 얹은 금색 마이바흐(연두색 번호판은 덤) 같은 느낌이었다랄까요. 그에 반해 남산의 통감부 건물은 꽤 예쁘장한 목조 건물이었고, 용산의 총독 관저는 실로 동화에나 나올 법한 네오바로크 양식의 궁전이었는데 말입니다. 하지만 둘 다 6·25전쟁 때 쓸려버렸지요.

제 1 5 장

Bamboo Forest of Blood

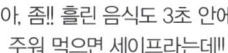

늑약 무효의 주장을,
한국인들의 절망을
한 번이라도 다시
봐주길…

……영환은 다만 한 번 죽음으로써 황제의 은혜에 보답하고, 우리 이천만 동포 형제에게 사죄하노라. 영환은 죽되 죽지 아니하고, 구천에서도 여러분을 도울 것을 약속한다.

바라건대 우리 동포 형제들은 억천만 배 더욱 분발하여 의지를 굳건히 하고, 학문에 힘쓰며, 마음과 힘을 합하여 우리의 자유와 독립을 회복한다면 죽은 자는 마땅히 어두운 저승에서라도 기뻐 웃으리다.

귀공사 각하들이 만일 천하 공의의 무거움을 알고, 돌아가 귀정부와 인민에게 보고하여, 우리 인민의 자유와 독립을 도와준다면, 죽은 자라 하여도 마땅히 어두운 저승에서라도 기뻐 웃으며 감사하리다. 아, 각하들은 우리 대한을 가벼이 보지 마시고 우리 인민의 피 같은 진심을 오해하지 마십시오.

아, 조금도 희망을 잃지 말라!

죽음의 호소 연명장인가…
실로 을사년스럽다;;

아이아 ㅠㅠ

12월 2일, 민영환의 장례식에 엄청난 인파가 몰려들어 해로가를 읊다.

그리고 정말로 각국 공사들이 장례식에 참여하느라 출국 날짜가 며칠 늦춰짐.

영국 공사는 알짤 없이 11월 30일에 출국했지만…

황제는 엄청 슬퍼하며 온갖 상찬을 아끼지 않았지만,

민공이 간절히 바랐던 조약 무효 선언의 결단은 내려주지 않았지요.

전덕기   이동녕

상동파

쯧. 이제 좀 더 과감한 방도가 필요할 때 아닐까요?

(결국 친일파가 될 뿐이었고)

신민회 Begins!!

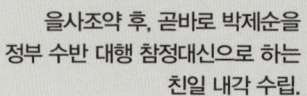

유럽과 미국에 나가 있는 한국 공사관들도 모두 철수.

뭐, 이미 그동안 인원 감축하고 예산 깎으면서 거진 다 폐점 상태나 마찬가지였지만.

주영 공사관의 경우에는—

2차 영일동맹 확정적

1905년 상반기, 홀로 공사관을 지키고 있던 공사 대리 이한응.

으음… 러일전쟁도 대충 일본이 이겼고… 한국 먹는 거 인정하는 2차 영일동맹도 대충 확정 분위기고…

러일전쟁 끝나기도 전인 1905년 5월 12일에 자결.

이미 뻔한 게임, 더 지켜봐 봤자 발암 고통만 계속될 뿐이지…

1906년 6월, 전라도 태인에서 최익현의 유림 의병 봉기.

제16장

천하 공의

1906년 6월 4일, 전라북도 태인에서 최익현이 이끄는 유림 호남 의병진 거병.

"저 을사5적의 살을 뜯어 먹고 가죽을 깔고 자더라도 백성의 분개를 달랠 수 없다!"

첫 무리는 100여 명의 소수였으나─

6월 6일, 순창에 입성하는 길에 다수의 지역민이 합류해 병력이 900여 명에 이르게 되었고.

아이고, 대감~ 원로에 노고가 크십니다요~
근데 이걸로 일본군과 싸우기에는 좀;;

망할 놈의 일본 원숭이 쉐끼들 뽕 처맞고 오줌 질질질 싸면서 다 뒤졌으면 좋겠습니다!

지역 관아와 경찰은 싸우지 않고 맞이한다.

아니; 저, 대감;;
연세(72세)를 생각하셔야죠;;
이리 계란으로 바위 치기 소동을 벌인들 대세에 무슨 영향이 있겠습니까;;

광주관찰사 이도재

아니, 너님은 호랑이한테 물려갈 때, 어차피 대세에 영향 없으니 소리도 안 지름?

이 나라가 일본에 먹히는 이 시점에
아무 액션도 없이 가만히 있자면—

...

문명국의 품에
녹아드니 매우
편안한 모양이군요.

끼야아아아악!!!
나라 살려!!!
산 채로
먹히고 있어요!!

헐;

나는 입이 없다.
그리고 나는 비명을
질러야 한다.

그렇게 국제사회의 도의에
호소함이 만국공법의 정신
아니겠는가?

계란으로
바위 치기라지만,
어차피 일본놈들한테
먹힐 계란.

오이시~ 오므라이스~
사실 오므라이스는
이로부터 20년 후에
등장하게 되지요~

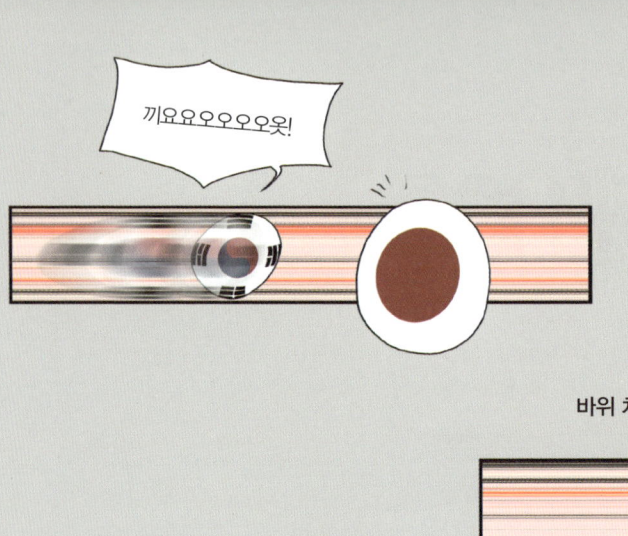

절대적 자주체인 국가가
어느 절대적 역사선의
시점을 향해 달려가는 과정에서―

꾸~엥~

뭐가 뭉개지든 짓밟히든
그것은 도의라는 저차원적
감성으로 판단할 수 없다!

전쟁이든, 합병이든, 저항이든,
변증법의 길은!!!
잔혹한 국가의 테제는!

모든 것은 결국
절대적으로 '절대'를
향하여!!!

그런데, 짜잔~!
'절대'라는 건
없군요.

이 사람,
푸가 코하다.

강유위는
헤겔을 접하고
그렇게 정신이
헤까닥한 걸까…?

이 시점의 테제라면
역시 추어탕이지.
남원으로 가자.

262

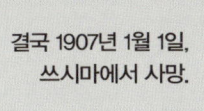

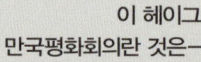

그러한 흐름의 집대성이라 할 만한 1899년의 헤이그 만국평화회의.

근대 문명국가면 제발 전쟁도 좀 문명인스럽게 합시다!

국제재판소도 만들고, 약탈과 점령지 인력 동원도 금지하고.

미래 전쟁에서는 공중폭격 금지하고. (아직 비행기가 발명되진 않았지만)

기체 형태의 생화학 무기도 금지합시다.

1차 제네바 협약은 저도 비준했는데, 2차 회의에 대표단 보낼 수 있을까요?

그리고 1906년에 2차 헤이그 만국평화회의가 예정되어 있었는데—

ㅇㅇ! 친러 국가인 한국에 당연히 초청장 드려얍죠.

이 국제적 사정이란 무엇인가!!

클레망소 총리

제 17 장

1907

러일전쟁 결말 시점의 상황은
일견 독일에 유리해 보였는데.

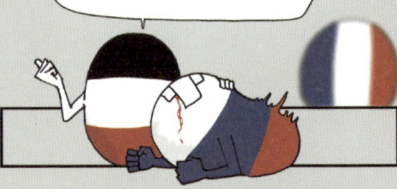

러시아님, 억울해서 어카나?
저것들한테 복수해야지?!

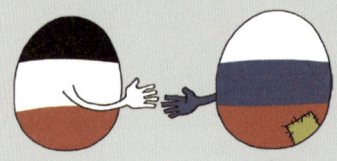

러일전쟁 종전 때,
독러 양국 황제가 비요르코 밀약을 통해
거의 동맹 체결 단계까지 갔지만.

자, 함께 손잡고
두 섬나라한테
복수하자고!

그러한 시도는 비테 내각과
對러 투자 자본을 앞세운
프랑스 측에 의해 바로 진압.

—라는 망상 같은 거 좀 거르고!
제발 러불동맹에 집중합시다!
좀!

프랑스 자본이
독일 자본보다
강력하다고?

러일전쟁 패배의 여파로 거덜 난
러시아의 경제 상황에서
프랑스 자본은 실로 목숨줄이었기에.

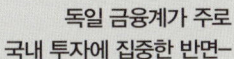

그래서 일단 일본에 접근해봅니다.

무슈~ 자뽕~!

러일전쟁 기간에 프랑스 식민지의
발틱함대 입항 협조 문제로
조금 섭섭한 부분도 있었겠지만~

ㅎ~ 일뽕 하면 또 프랑스 아니겠수와~
전쟁 치르느라 살림 빠듯하실 텐데,
투자도 좀 받으시고~

아이고~
메르씨데스네~

1905년 현재 **불일협상** 진행 中.
(1907년 5월 체결)

일본의 한반도
지배권 인정.

프랑스의 인도차이나
지배권 인정.

복건, 만주에서의
일본 권익 인정.

운남, 광서에서의
프랑스 권익 인정.

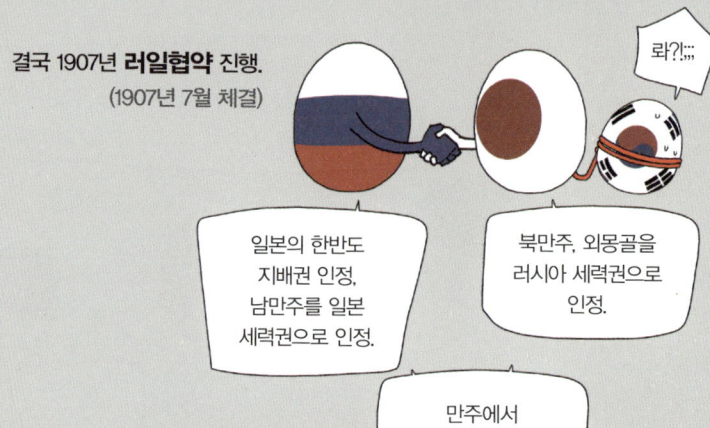

결국 1907년 **러일협약** 진행.
(1907년 7월 체결)

라?!;;;

일본의 한반도 지배권 인정. 남만주를 일본 세력권으로 인정.

북만주, 외몽골을 러시아 세력권으로 인정.

만주에서 함께 뽕 뽑읍시다.

한편, 일본이 러일전쟁으로 얻은 뤼순과 남만주철도, 남만주 이권은 1905년 12월에 체결된 '청일만주선후조약'을 통해 청나라에서 인정받았지요.

원세개가 슬슬 매국노 친일 한간으로 악명을 떨치기 시작한다…

자, 이렇게 러일전쟁으로 받은 마음의 상처, 대충 치유했고~

이제 영국과 러시아의 친목 추구에 걸림돌은 없을 터.

그리하여 1907년 **영러협정** 진행.
(1907년 7월 체결)

페르시아 북부는 러시아 세력권,
남부는 영국 세력권, 중부는 완충지대로.
영국의 아프가니스탄 지배 인정.
티베트에 대한 상호 불간섭.
중앙아시아 국경 문제 다 확정.

이렇게 1907년 영국과 러시아의
대립 종료, 우호 시작으로
영·불·러 3국 협상 체제가
시작된다!!

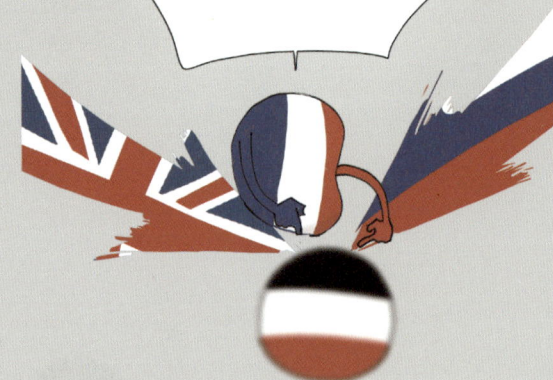

드디어!! 내 대에!
독일 포위망의
큰 그림 완성!!!

클레망소 총리

델카세 외교 10년의
빌드업이 드디어
포텐 폭발!!

1907년 체제!!
영·불·러 3국 협상 Begins!

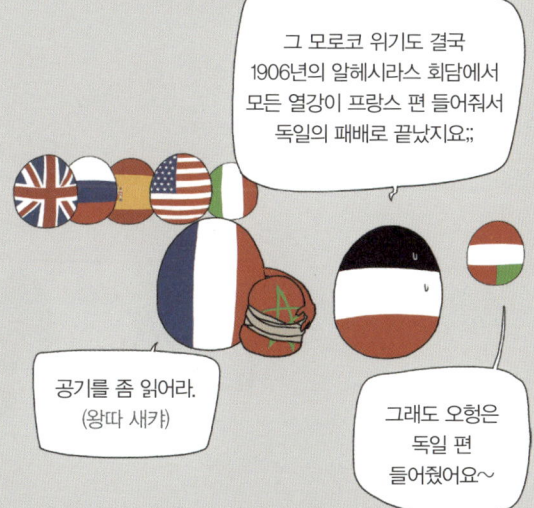

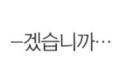

1907년, 빌헬름 2세 영국 방문.

이처럼 1907년 체제가 완성되는 시점의 헤이그 만국평화회의.

안창호

1907년 2월, 상동파는 비밀결사 **신민회** 조직, **공화국** 건설을 강령으로 삼는다.

상동파의 **이회영**과 **이준**이 주도하는 헤이그 특사 태스크포스가 결성된다.

제18장

헤이그로

6월 19일, 베를린에서 탄원서와 신임장, 친서 등을 번역하고 탄원서 팸플릿 수백 부를 인쇄, 제본한다.

그렇게 준비를 마치고 1907년 6월 25일,

대한제국 특사단 헤이그 입성.

# 굽씨의 오만잡상

염라 포도대장 이경하, 이경하의 아들 주러 공사 이범진, 이범진의 아들 혁명가 이위종.
대원군의 베리야인 이경하는 포도대장부터 무위대장까지 공안 및 군사 방면에서 요직을 두루 맡으며 정권의 칼로 활약했습니다. 특히 병인박해 때 천주교도 수천 명을 고문, 처형하면서 '낙동염라'라는 별명을 얻게 되었지요(자택이 있던 '낙동의 염라대왕'이라는 뜻).
이경하의 아들(서자)인 이범진은 고종의 충신으로, 친러 근왕파의 중심인물이었습니다. 춘생문 사건과 아관파천 등을 주도한 끝에 친일파의 견제로 서울을 떠나게 되었는데, 서양 각지에 공사로 파견되어 활약을 이어갔습니다. 망국 국면에서는 주러 공사로 재직하며 외교 공작에 전력했지요. 을사조약 체결 후에도 러시아에 머물며 고종의 러시아 망명 공작, 연해주의 독립운동 세력 규합 등에 힘쓰다가 결국 한·일 병합의 파국에 절망해 1911년 자결했습니다. 간도관리사 이범윤은 이 경하의 다른 서자로 이범진의 이복동생인데, 친척 집으로 입양 가서 육촌 동생이 되었다고 합니다.
이범진의 아들 이위종은 아버지와 함께 해외를 돌아다녔습니다. 어린 시절 미국과 프랑스에서 교육받았고, 이후 러시아에서 아버지를 도왔지요. 헤이그 특사단에도 참가했는데, 그의 외국어 실력이 특사단에 큰 도움을 주었다고 합니다. 한편 이위종은 특사단 참가 전인 1905년 러시아 남작가

의 영애와 결혼하고, 아버지가 죽은 1911년 러시아 사관학교에 입교해, 러시아 육군 장교로 임관했습니다. 제1차 세계대전에 참전한 후 볼셰비키에 가담, 적백내전 때 적군 1개 연대를 지휘하며 활약했다지요. 다만 이후 행적이 묘연해 그의 최후에 관한 여러 가지 상상을 불러일으킵니다.
이 비범한 3대의 이야기는 언젠가 필경 대하드라마로 나올 수 있지 않을까 기대하고 있습니다.
비슷한 시기, 러시아군 통역관과 고종의 시종무관을 지낸 김인수라는 인물도 극적인 삶을 살았습니다. 러시아군 장교로 러일전쟁에 참전, 연해주 대한의군 창설에 참여, 제1차 세계대전에 러시아군 대령으로 참전, 적백내전 때 백군으로 참전했고, 이후 장작림의 막료로 들어갔다는데, 분명 이위종과 엮인 바가 많았겠지요. 적과 백으로 길이 갈려 결국 적이 되고 말았다는 부분이 안타깝지만…. 제1차 세계대전에 러시아군으로 참전한 한인 병사들이 1천 명 이상이었다고 하니, 적백내전 때 서로 편을 달리한 동포끼리 총부리를 겨누게 된 일도 적지 않았겠습니다.

제 19 장

하우스텐보스의 절규

1907년 6월 15일, 2차 헤이그 만국평화회의 시작.

육전 조약 채택, 교전규칙, 선전포고, 휴전과 항복 룰 정하기, 유독성 무기 금지 등등.

무관 대사
아키야마 스즈키
소장 게이로쿠

회의 10일 차인 6월 25일.

이리 오너라!!

드르렁~Z

음? 뭔가 귀에 익은 언어가?!

한국 대표단! 러시아에서 받은 초청장을 들고 회의장에 입장하려 하오!!

야; 그 무리요;;

끄악?!?

특사단은 6월 25일, 헤이그에 도착했으나 회의장 입장은 불허된다.

폰 주트너 남작부인이 주최한 국제 평화운동가 서클에서도 이상설을 초대해 연설을 청했고.

약소국은 참석도 안 시켜주고, 강제 늑약은 합법이라니…

노벨평화상 수상자 베르타 폰 주트너 남작부인

이 무슨 '만국'도 '평화'도 없는 만국평화회의란 말입니까!

일본놈들 어그로 끌고 왔지요.

7월 10일, 다른 경로로 온 헐버트가 특사단에 합류.

이위종은 잠시 St.페테르부르크에 다녀오고.

러시아 쪽의 지원을 어떻게든 뚫어야…

3주간의 여론전에도 불구하고 결국 하우스텐보스궁의 문은 한국인들에게 열리지 않았고.

쿠흙!! 열강 양놈들의 정의란 결국 더러운 약육강식 아수라도를 얄팍하게 덮는 포장지일 뿐인 게냐!!

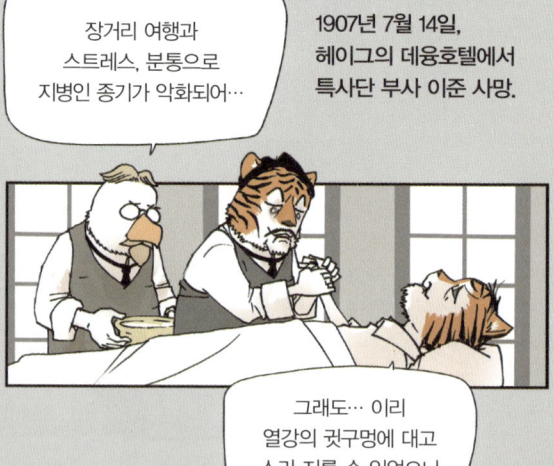

제 2 0 장

융희

1907년 7월 18일, 대리청정 발표.

1907년 7월 20일, 이척이 대한제국 황제 즉위.

43년의 재위가
이렇게 막을 내리다.

왕관을 쓴 자, 왕관의 무게를
견디라는 말이 있다던가…

…
조선의 왕관은 너무 가벼워서
날아가지 않게 붙잡아 매고
있는 게 일이었다…

"정말 친일이든, 반일이든, 역당이든, 근왕이든, 쿠데타각만 보이면 일단 지르고 보는 양반이로군요."

그러나 7월 22일, 이완용 측에 의해 쿠데타 수뇌부는 사전에 모두 체포.

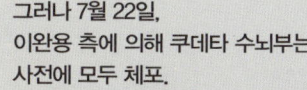

"하, 이제 더는 각이 없겠구나…"

조선주차군 13사단 병력이 서울에 전개. 이로써 소요 사태는 모두 짓눌려졌고.

"서울에 이리 병력 집중해놓는 동안 지방에서 의병 활동이 더욱 불타오를 것이다!"

"헤이그 밀사 껀으로 나님을 대차게 까댄 일본 조야와 언론 여러분께,"

"망신을 기회로 바꾸는 나님의 진짜 큰 기술을 보여드리리다!"

1907년 7월 24일,
3차 한일협약-
정미7조약 체결.

일련의 사태를 보건대 이 나라는 통감부가 더 열심히 계몽해줘야 할 것 같아요.

아리가또~!

정미7적

내부대신 임선준
법부대신 조중응
농상공부대신 송병준
총리대신 이완용
탁지대신 고영희
군부대신 이병무
학부대신 이재곤

- 한국 정부는 정치 개혁에서 통감의 지도를 받고.
- 입법과 주요 행정은 통감의 승인하에 진행.
- 고위 공무원 인사도 통감의 승인하에.

통감이 한국의 외국인 프레지던트군요!

- 한국 공직에 통감이 요하는 일본인들을 임명.

사실상 이 정미7조약에 의해 한국은 일본의 완벽한 보호령- 대충 식민지라 부를 만한 포지션에 놓이게 되었으니.

나라 이름이 아직 있고, 군주가 여전히 왕관을 쓰고 있다고는 하지만…

식민 지배가 종식되는 1948년까지 나라 이름과 군주제가
유지되었던 베트남 안남 보호령의 경우에도
누구나 완벽한 프랑스 식민지로 인식했던 것.

심지어 과거제도도 계속
유지되었다고요…

완전한 국가 소멸은
딱히 중요한 게 아니죠~ㅎ

이로써
메이지 최고 거물 정치인
이토 히로부미의
트로피 선반에—

일본 초대 총리

헌법 작성자

의회 수권 정당 창당

빛나는 대형 트로피 하나를
더 추가하게 되었습니다~ㅎ

한반도 식민지화

큭"

야마가타 씨의 유일한
트로피는 뭐더라?
징병제?

그렇게 정미7조약과 함께 한국 군대 해산도 결정되었고.

향후 제대로 된 현대식 군대 건설을 위한 발전적 해체이옵니다~

읍~

아무리 유사 군대라 해도 총 가진 놈들 다루려면 준비를 좀 할 필요가 있으니…

7월 25일, 일본에서 부산을 거쳐 경부선을 통해 12사단 휘하 2개 연대 병력 서울로 증파.

7월 말, 서울은 2만 명에 달하는 일본군 병력에 의해 삼엄한 경계 아래 놓이고.

굽씨의 오만잡상

오늘날 고종의 평가가 박한 이유 중 하나로, 끝까지 저항하다가 죽는 의기를 보이지 않았다는 점이 꼽힙니다. 일본이 주는 왕작을 받아 덕수궁에서 안락하게 살다 간 것을 생각하면 고까울 수밖에 없지요. 금 애종과 남송의 어린 소제가 몽골에 맞서 싸우다가 자결한 역사 같은 걸 떠올리면 더욱 그러합니다. 을사조약에 격분한 최익현은 고종에게 올린 상소문에서 명의 마지막 황제 숭정제의 자결을 들먹이기까지 합니다. 고종이 동로마 최후의 황제 콘스탄티누스 11세처럼 적과 싸우다가 죽었다면, 망국의 수치가 덜했을 것이라 말하는 이들도 있지요.

이와 관련해 고종은 어떤 항변을 할 수 있었을까요. 일단 고종이 자결이나 망명을 감행했을 경우 거국적인 항쟁이 촉발되어 일본의 가혹한 무력 대응을 유발, 몇십만 단위의 인명 피해가 발생했겠지요. 어차피 망한 마당에 너희의 목숨을 더 바치라고 액션을 취할 염치가 없다— 라는 마음을 품었을 수 있겠습니다. 또한 한반도 역사상 망국 군주가 자결한 전례가 없습니다. 고조선의 우거왕은 망국 직전에 암살당했고, 고구려, 백제, 신라의 마지막 왕들은 투항했으며, 고려의 공양왕은 유배 후에 처형당했습니다. 그러니 이미 아들에게 양위한 고종으로서는 굳이?— 라고 생각했을 수 있겠지요. 사실 동시대의 망국 군주들도 항쟁이나 자결과는 거리가 멀었습니다. 류큐 국왕, 하와이 여왕, 베트남 황제 모두 자결하지 않았고, 유서 깊은 왕조의 멸망을 지켜본 독일, 오스트리아, 오스만의 황제들도 천수를 누렸습니다. 따라서 자결 같은 건 시대착오적인 오버다— 라고 항변했을 수 있겠네요.

게다가 최소한 문서상으로는 고종과 일본이 서로를 공식적인 적으로 설정한 일이 없었습니다. 아내가 일본도에 썰리고, 계속 조여오는 올가미 속에서도 고종은 일본과의 정면 대결 대신 우회로를 모색했습니다. 압도적인 힘의 차이 앞에서 맞짱은 가장 빠른 멸망의 길이었을 테니까요. 그렇게 간접적인 그림자 게임만 진행하다가, 최후에 이르러서야 목숨을 던지는 건 조금 머쓱한 일이었을지 모릅니다. 혹 고종으로서는 자기가 살아 있어야 훗날을 도모하는 항쟁의 구심점이 마련되리라고 여겼을지도 모릅니다. 언젠가 천하 형세가 요동쳐 국권 회복의 기회가 찾아왔을 때, 자신이 살아서 자리를 지키고 있어야 그 기회를 살릴 수 있다고 믿었을 수도 있겠지요.

이 모든 이유가 복합적으로 작용하는 가운데, 평온하게 살고 싶다는 인간적인 소망도 있었겠지 싶습니다. 혈통과 아버지의 수완으로 왕위에 오른 고종이 자기 의지로 역사의 파도에 뛰어들었다고 보기는 힘들 터. 어쩌다가 군주가 된 범부에게 대장부의 삶을 강요하는 건 당사자로서는 억울했을 법도 합니다. 하여 범부답게 저런 이유들로 자신을 이해시켰을지 모릅니다. '범부 오브 치킨(Bump of Chicken)'의 〈ray〉를 들으며.

328

제 21장

From 남대문
To 양주

한때
병력이 2만 8천 명에 달했던
대한제국군은

1905년부터 일본에 의한
강제 군축 과정이 쭈욱 이어져-

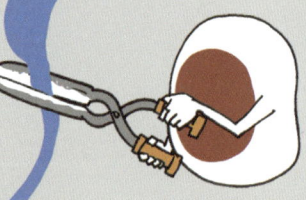

거지 센징이 병정놀이에
돈 쓸 여유가 있냐.

1907년 현재,
서울의 시위대와 지방의
진위대 모두 합쳐 8천~1만 명 규모로
축소된 상태.

사실 이마저도 걍 없애버리는 게 상책이지.

이번 황제 양위 사태로 군인놈들이 총 들고 설치는 꼴 보니, 역시 아무리 소수라도 불안 요소를 남겨두면 안 되겠어.

그렇게 나라 살림이 빠듯해 군대를 일시 해산하게 되었으니, 나중에 징병제 군대 다시 만들 때 재고용해드림. ㅇㅇ

퇴직금으로 병사 1인당 25원, 1년 이상 근무자는 50원.

뭔 개수작이여?!

나라가 사라지는 판에 군대가 재건되겠냐?!

8월 1일 오전, 서울의 시위대 병력 절반 이상이 해산식 참여를 거부, 분위기가 뒤숭숭한 가운데—

꾸잉;;

군부대신께서 군 장악력이 없으시구려.

군부대신 이병무

교무과장에게 폭행당함.

서소문 옆에 위치한 시위대 병영에서 작전 목표로 삼을 만한 타깃은 경운궁과 남산의 통감부, 용산의 일본군 사령부.

일본놈들이 미리 탄약과 물자를 용산으로 다 옮겨놨는지라, 우리 병사들은 휴행탄 15~30발만으로 싸워야 하는 상황.

역시 먼저 용산으로 가서 탄약을 확보해야…

참위 남상덕   참위 이준영

어디로 가든 일단 남대문을 확보해야 작전이 가능할 테!!

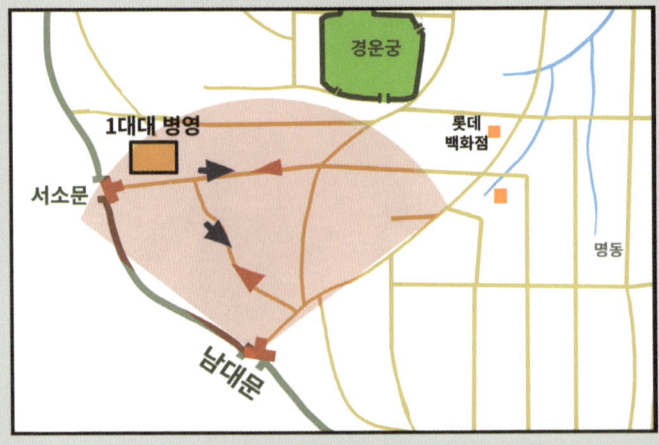

일본군이 남대문 문루에 거치한 기관총좌가 반경 400m 일대를 제압.

결국 화력 열세와 탄약 부족으로 시위대의 저항은 점심시간이 되기 전에 모두 분쇄되고 말았으니.

지켜보던 서울 시민들의 통곡과 함께.

장난감 병정이라 놀림받던 대한제국군의 마지막 분투에 외국인들이 깊은 인상을 받았죠.

시위대는 전사 68명에 부상 100여 명.

하! 러일전쟁 지옥도를 뚫고 온 일본군에 무슨 이딴 유사 군대를 비비느냐!

뤼순 전투의 영웅 가지와라 요시히사 대위

일본군 전사자는 가지와라 대위를 포함한 4명.

컥, 쪼렙 총알이라도 맞으면 죽는구나;;

지방 진위대들도 군대 해산에 반발해 봉기.

크악!! 지방이라고 월급 적게 받은 것도 억울한데!!

8월 초, 원주, 수원, 강화도, 진주의 진위대 봉기.

천하의 공분에 더해 해산 군인들의 합류까지!
이제 전국 각지의 의병이 모두 모여
서울로 진공할 때와 분위기가 무르익었습니다!

1907년이 가기 전에!
모두 양주로 모입시다!
싹 다 모아서
서울로 한타 ㄱㄱ!!!

전국의 의병장들은 일제히
이인영의 버스터 콜에 호응.

서울 진공!!

이 얼마나 가슴
떨리는 외침인가!!

서울!
My Soul!!

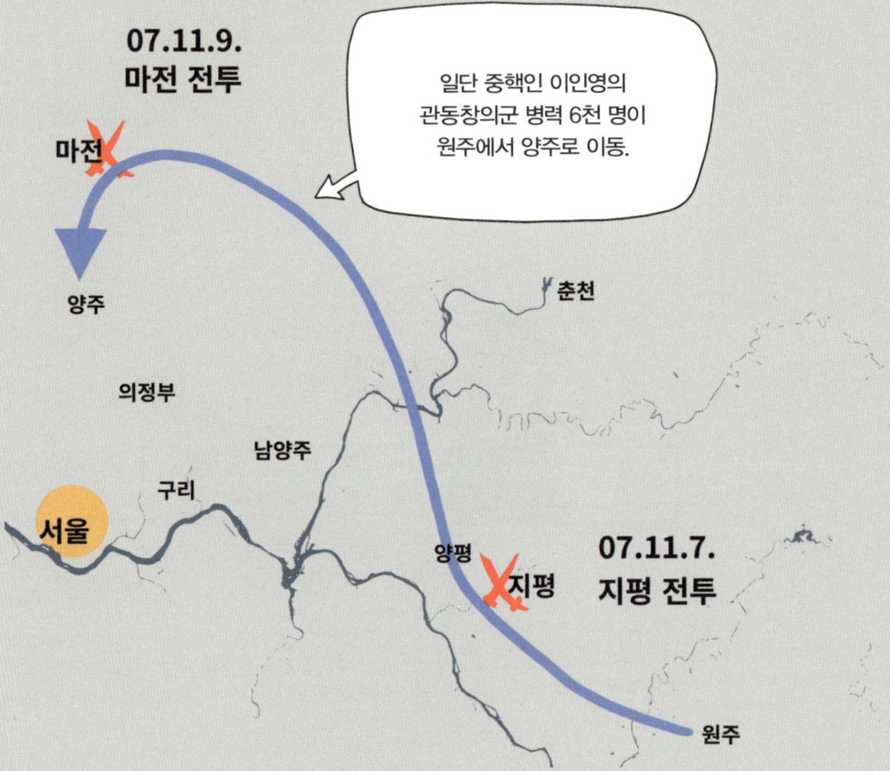

 굽씨의 오만잡상

압도적인 군사력을 앞세운 이웃 국가의 총칼 아래 놓인 대한제국이 군사력 확충을 위해 징병제를 꾀함은 당연한 수순이었겠지요. 이를 위해 육군무관학교는 실제 보직보다 더 많은 수의 장교를 계속 배출하고 있었습니다. 진정한 근대 국민국가 건설을 위해서라면 역시 국민개병제! 병역을 통해 근대를 경험한 국민이 향촌 사회를 근대로 이끌 것이다!

하지만 이미 국가 예산의 3분의 1 이상을 군비로 쓰고 있는 마당에, 징병제 인프라를 건설하는 것은 엄청난 도전이었을 겁니다. 대단위 병영을 확충하고, 병사들을 먹이고 입힐 보급 시스템을 만들고, 이후에도 끝없이 돈을 퍼부어 굴러가게 해야 하는⋯. 좀 더 구체적으로 이야기해볼까요. 5개 사단(약 10만 명 규모)을 꾸린다고 쳤을 때, 동시기 일본 육군의 1개 사단 운영비가 약 200만 엔이었다고 하니, 이는 당시 원으로 400만 원인즉, 5개는커녕 3개 사단만 되어도 1903년의 대한제국 국가 예산인 1076만 원을 훌쩍 뛰어넘게 되지요. 허리띠를 졸라매고 아주 검소하게 진행한다면 1.5개 사단(약 3만 명 규모) 정도는 굴릴 수도 있었을 것 같은데, 이러면 군사력 확충을 위해 징병제를 하는 의미가 희미해지겠지요.

결국 문제는 '돈'이었습니다. 대한제국의 미약한 경제력을 어떻게든 크게 키우는 것이 근본적인 해결책이었지만, 여기에는 군사력 확충과 차원을 달리하는 어려움이 있었고⋯. 그리 경제 및 산업 역량을 따지고 들어가자니, 19세기 중후반의 조선사 전체에 'if'를 대입해야 하는 만큼, 어떻게 논할 방도가 없군요.

제 2 2 장

Seoul
My Soul

1908년 1월, 경기도 양주의 13도 창의군.
13도 창의대장 이인영

군사장 허위 (경기도)
관동창의대장 민긍호 (강원도)

양주에 모인 수십 명의 의병장이 각기 직함 하나씩 달긴 했는데.

관서창의대장 방인관(평안도)
교남창의대장 박정빈(경북)
호남창의대장 문태수(전북)

이강년이 이끌던 충청도 의병의 큰 세력은 결국 양주까지 오지 못했고.

어메; 중부내륙고속도로를 일본군이 싸악 다 봉쇄해서 우짜꼬;;

경상북도에서 위명을 떨치던 신돌석의 의병 조직도 합류하지 못했고.

패 직이도 서울까지 올라갈 짬은 안 난다 안 카요;

함경북도에서 서울까지 가라니; 말똥 같은 소리 말라우;

함경도의 홍범도도 물론 못 갔고.

뭐, 결국 13도 의병 연합군이라곤 하지만, 1만 명 병력의 반절 이상은 강원도 병력이드래요.

남은 반절은 경기도, 충청북도, 황해도 병력.

나머지 지역들은 참여에 의의를 둔 수십 명 규모일 뿐.

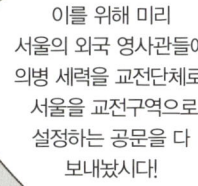

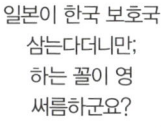

저거, 저거, 아무래도 문명국가 형님들이 나서서 계도 좀 해줘야겠지요?

미국은 포츠머스 조약, 남만주철도, 이민자 문제 등으로 일본과 척진 상황!

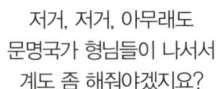

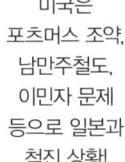

독일 황제가 프랑스의 모로코 식민지화에 항의해 개입했던 것처럼!

독일이나 미국의 개입으로 한반도 문제를 놓고 국제회의가 열릴 가능성이 있다!

그 모로코 문제로 열린 국제회의에서는 결국 프랑스가 승리했지만…

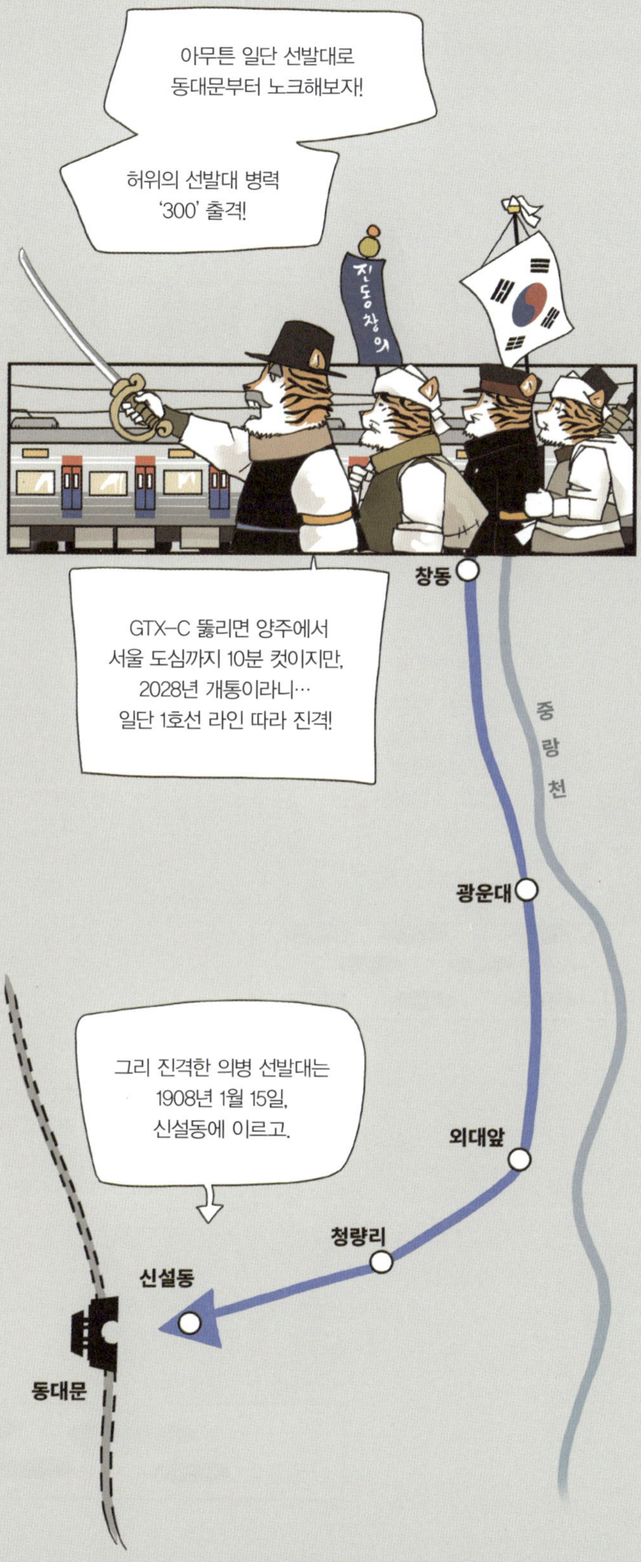

아무튼 일단 선발대로 동대문부터 노크해보자!

허위의 선발대 병력 '300' 출격!

창동

GTX-C 뚫리면 양주에서 서울 도심까지 10분 컷이지만, 2028년 개통이라니… 일단 1호선 라인 따라 진격!

중랑천

광운대

그리 진격한 의병 선발대는 1908년 1월 15일, 신설동에 이르고.

외대앞

청량리

신설동

동대문

그렇게 1908년 3월부터
조선인 헌병 보조원
4천 명 채용.

그렇게 1908년부터 1909년까지 의병 소탕 스팀롤러가 굴러가고.

이놈의 산 지옥!!! 전 국토 평탄화가 답이다!!

아, 김첨지네 조카들이 의병질 하고 댕기는 거 이미 소문 자자하다니까요~

조선인 헌병 보조원들을 민사 작전에 활용, 의병 부락 소독 작전 진행.

우와!! 앞잡이다!;

고립된 의병 조직들을 하나씩 격파.

탄약도 물자도 끊긴 채 일방적으로 도륙당한다!

죽은 뒤에 염을 하건 말건 뭔 상관이냐! 내 시체는 태우든, 감옥에 버려서 썩어 문드러지든! 얼른 형 집행이나 해라!!

그래도, 허위 선생 같은 인물은 실로 때와 나라를 잘못 만난 호걸이었는데… 아까운 인물들이 많이 죽었어… 쯔쯔…

굽씨의 오만잡상

1894년 동학농민운동 당시 농민군에 대항하는 지역 민병대인 민보군이 대거 거병하면서, 지역 유지부터 말단 농민까지 총포를 갖추고 무장 조직을 꾸리는 풍조가 향촌 사회에 널리 퍼졌습니다. 당시 지역 민병대 중에는 동학농민군에 맞서기 위한 민보군뿐 아니라, 서울을 점령한 일본군에 맞서기 위해 거병한 갑오의병도 있었지요.

이는 1895년부터 1896년 사이에 벌어진 본격적인 항일의병 운동, 즉 을미의병의 토대가 되었습니다. 을미사변과 단발령에 항의하고, 경복궁에 갇힌 고종을 구하기 위해 거병한 을미의병은 근왕파와 민씨 일족의 지원에 힘입어 그 기세가 굉장했지요. 이들의 활동은 일본이 수립한 4차 김홍집 내각이 몰락하고, 1896년 아관파천으로 고종이 다시 권력을 회복하며 마무리됩니다. 성공을 자축하며 해산하는 와중에, 을미의병의 일부 세력은 완전한 척왜·척양을 외치며 무장을 해제하지 않은 채 뻐팅겼다고 합니다.

그렇게 습득한 무장 조직 경험은 1905년 을사조약에 반발하는 을사의병의 토대가 되었고, 1907년 군대 해산과 고종 퇴위에 반발하는 정미의병으로 이어집니다. 대충 이 1905년부터 1909년의 남한대토벌까지를 의병전쟁 국면이라 볼 수 있겠습니다. 당시 전국 각지에서 분연히 떨쳐 일어난 수많은 의병 부대와 그들의 복잡다단한 활동 양상을 책에 담지 못함은 실로 제 역량 부족이라 하겠습니다.

의병들은 냉병기와 구식 화승총 외에도, 각지에서 수입한 서양 총포류와 해산 군인들의 제식 화기까지 갖춰 그 화력이 만만찮았지만…, 결국 잡다한 총포마다 각기 다른 탄약을 조달하는 일이 난매해 사실상 화승총 등의 옛 무기에 의지해야 했습니다. 통감부는 1907년 총포화약단속법을 공포하고 대대적인 총포류 및 도검류 압수를 진행해, 한국인들의 무장 역량 와해를 꾀했습니다. 이 때문에 한반도 전통 무기의 맥이 끊기게 되었지요.

사실 일본 정부는 자기네 나라에서도 정확히 같은 짓을 벌였는데, 태평양전쟁 때 금속 공출로 한 번 더 씨를 말려버린 데다가, 그러고도 남은 것들은 전후 GHQ(연합군 최고사령부)가 싹 다 갈아버렸으니, 이것이 업보빔이 아니면 무엇이라 할까요.

제 23 장

치료탄

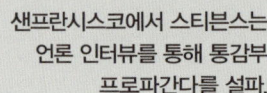

샌프란시스코에서 스티븐스는 언론 인터뷰를 통해 통감부 프로파간다를 설파.

극히 일부 불만 세력을 제외하면 대다수 한국인은 일본의 계도를 환영하고 있져.

을사조약으로 일본의 보호하에 놓이게 됨은 한국에 개이득!

이를 접한 샌프란시스코의 한국 교민들은 분기탱천.

아니, 한국 정부에서 비싼 연봉 타 먹은 놈이 저따위로 말해도 됨?!

뭐라고 반박을 해야 하지 않을까?!

1908년 3월 22일, 공립협회 회원 4명이 호텔로 찾아가 스티븐스와 언쟁 끝에 폭행 사태 발생.

한국인 평균 능지로는 독립국가 유지 불가능. ㅇㅇ

일뽕 능지 처참. ㅇㅇ

역시 미개한 센징은 말이 막히면 주먹부터 나오는데스!!

막힌 건 네놈 귓구멍이니 물리적으로 뚫어준다!!

다음날 3월 23일 아침, 스티븐스는 워싱턴行을 위해 페리 터미널로.

어휴, 그러게 왜 총 따위와 말을 섞으셨답니까.

워싱턴에 가서 테디(대통령)한테 다 이를거야.

거기서 한국 교민 전명운과 조우.

으아?!? 총 든 흉이다!!

스티븐스 네 이놈!! 일뽕 치료탄 맞을 시간이다!!

음? 잼인가?

전명운은 총탄이 불발되자 총자루로 스티븐스를 가격.

꼬악?!

에잇! 그냥 근딜로 때려죽여주마!!

제23장_ 치료탄

실랑이 와중에 뒤에서 등장한 교민 장인환이 스티븐스에게 총격.

이 총격으로 스티븐스는 이틀 후인 3월 25일 사망.

전명운과 장인환은 서로 모르는 사이로, 우연히 같은 표적을 노리게 된 것이었고.

장인환과 전명운을 후원하기 위해 재미 한국인들은
대한인국민회를 결성, 변호사 비용 충당과 여론전에 나선다.

MEANWHILE

1908년 5월, 일본 총선에서는 집권당인 입헌정우회가 어찌저찌 과반 의석 확보에 성공하며 승리.

정권을 계속 이어나가 볼까나~

But, 6월 22일, **적기사건** 발발!

무정부주의 만세!!!

사회주의 만세!!!

도쿄 간다에서 사회주의자들이 적기를 흔들며 불온한 구호를 연호!

적기 압수 과정에서 사회주의자들이 구타당하고 체포되는 사건 발발!

의병 세력은
대거 북쪽 국경을 넘어 탈출.

국내에서의 저항은
이제 도저히
노답이다;;;

간도와 연해주가 새로운 저항의
거점으로 자리잡게 된다.

유인석, 홍범도 등의
의병장들도 연해주로
넘어갔고.

그런 북방 엑소더스의 행렬에
안중근이라는 청년 리더가 있었다.

아, 편하게 도마라고
불러도 돼요.

사람 세례명이
어떻게 도마…

제 24 장

The Big Dipper

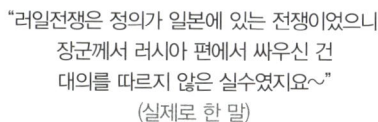

자, 이제 다음 퀘스트는 만주다. 만주.

일단 남만주철도 문제로 빈정 상한 미국을 상대하는 문제…

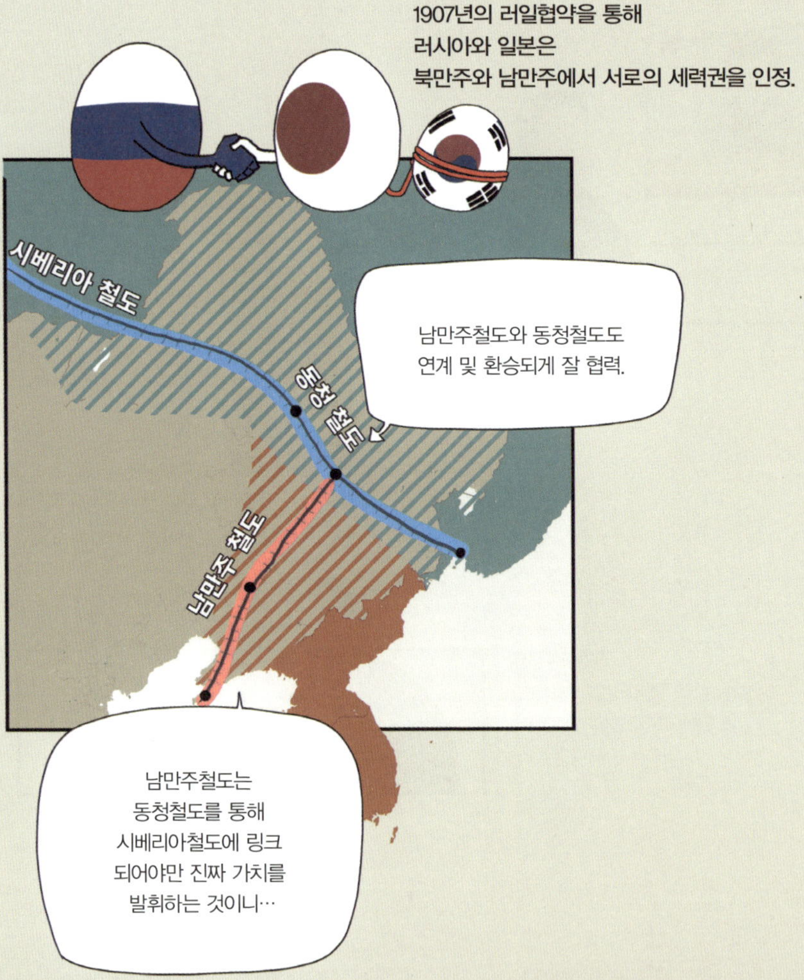

1907년의 러일협약을 통해 러시아와 일본은 북만주와 남만주에서 서로의 세력권을 인정.

남만주철도와 동청철도도 연계 및 환승되게 잘 협력.

남만주철도는 동청철도를 통해 시베리아철도에 링크 되어야만 진짜 가치를 발휘하는 것이니…

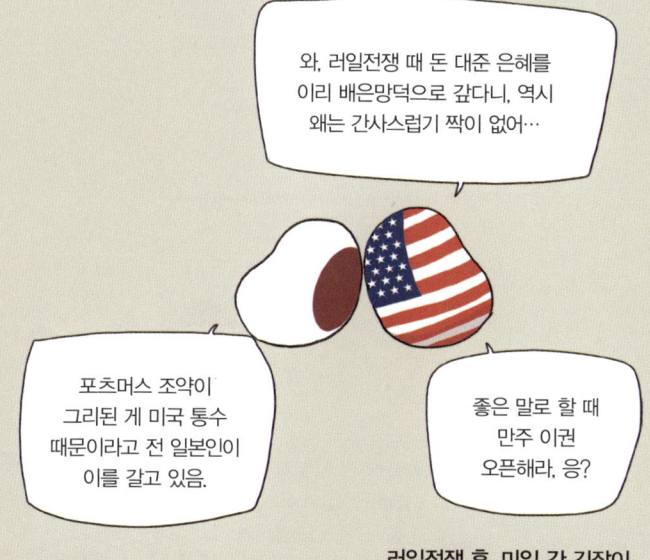

조선 친일파의 일뽕이
일본에게 지배당하고픈 일뽕이라면−

저 미국인의 일뽕은
일본을 지배하고픈 일뽕이라는.

제 2 5 장

추풍단등

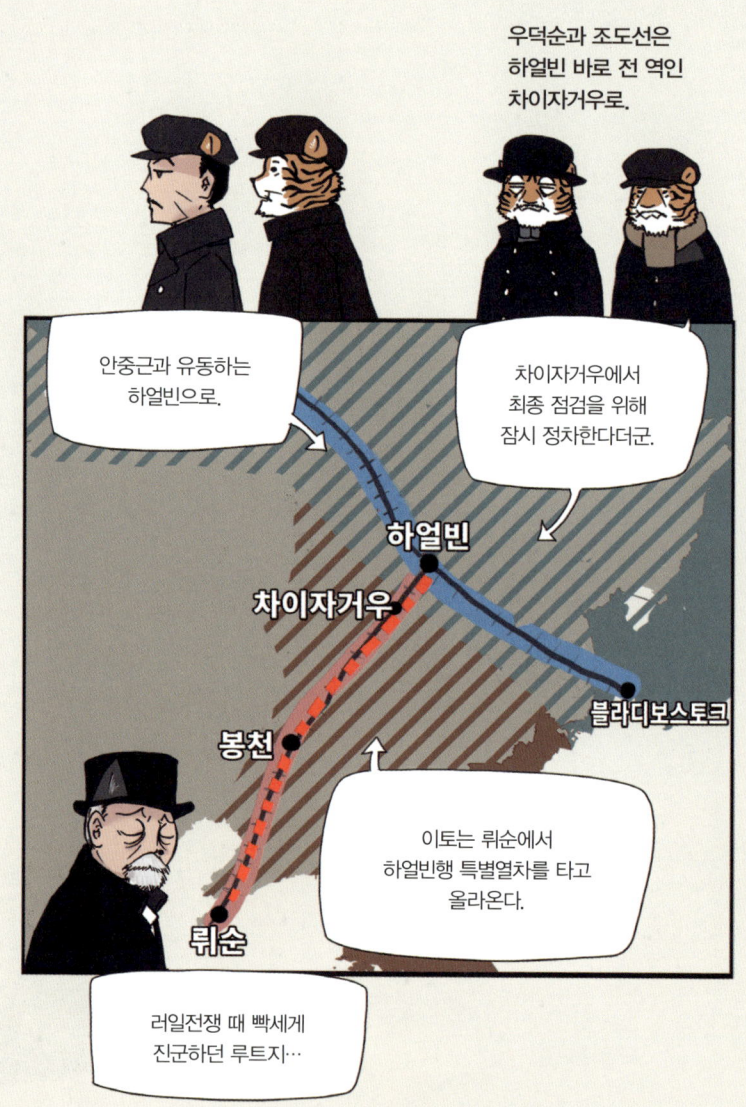

10월 26일 새벽, 특별열차가 정차한 차이자거우에서는 보안을 위한 플랫폼 폐쇄로, 거사 불발.

하긴, '차이자거우 의거'라고 하면 훗날 후손들이 발음하기 어렵겠지…

10월 26일 아침 7시, 하얼빈에 도착한 안중근은 카페에서 대기.

오전 9시 30분, 특별열차가 하얼빈에 도착.

마모나쿠 하오루빈~ 하오루빈 에키데스~

만주땅 진짜 크긴 크구나;; 기차 타고 오면서 계속 지평선이여.

그래봤자 넓기만 한 똥땅 아닐까요.

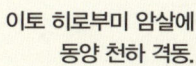

1909년 10월 26일,
이토 히로부미 사망.
향년 68세.

이토 히로부미 암살에
동양 천하 격동.

하지만 역시 이토는 번벌 구태 정치인으로 재야 세력에 미움받은 바도 컸고.

1910년, 《오사카골계신문》 만평
<여미새의 최후>

민권운동을 관제 정당으로 오염시키고, 여자나 마구 후리고 다니던 막후 권력자 노인네가 죽은 걸 누가 진심으로 슬퍼하리오.

시인 이시카와 다쿠보쿠의 칼럼 같은 양시론도 꽤 있었고.

그래도 온건한 진보주의자였던 이토 공은 그 한국인의 원망하는 마음을 이해했을 것.
…
나는 한국인을 미워해야 할 이유를 모르겠다.

서울의 친일 정권은 더더욱 경악.

조선놈이 이토 공을 썰었다고?!?!

이토 공, 하얼빈에서 한국인에게 피살

아니, 뭔, 전투는 개허접 의병놈들이 암살에는 갑자기 재능 폭발이여?!!?

이거 서울에서 책임지라고 윗대가리 다 날릴 수도?!

아오, 왜구 두목! 러시아랑 만주 나눠 먹으려고 수작 부리다가 꼴 좋구나!!

중국인들도 한국인들만큼 환호.

이토 공, 하얼빈에서 한국인에게 피살

저 인간이 예전 청일전쟁 때 시모노세키 조약으로 대만과 현금 다 뜯어간 그놈이지?!

원세개와 손문이 안중근 찬양시를 지었다고도 하는데-

平生營事只今畢
평생에 벼르던 일 이제야 끝냈구료
死地圖生非丈夫
죽을 땅에서 살려는 건 장부 아니고
身在三韓名萬國
몸은 한국에 있어도 이름은 만방에 떨쳤소
生無百歲死千秋
살아선 백 살이 없는데 죽어 천년을 가오리다

이건 출처와 진위 여부가 불확실하다. 둘의 시 내용이 똑같기도 하고, 일본 용돈 받던 양반들이 저런 시를 썼다는 것도 이상하고…

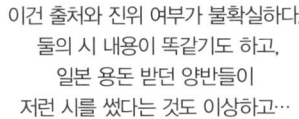

하지만 양계초가 하얼빈 의거 직후 작성한 장문의 시 〈추풍단등곡〉은 유명하죠.
(가을바람이 등나무(이등박문)를 자르다)

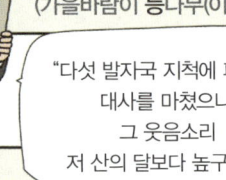

"다섯 발자국 지척에 피 뿌려 대사를 마쳤으니, 그 웃음소리 저 산의 달보다 높구나…"

하지만 양계초가
일본에 신세 진 부분도 있고
이토에 대한 존중도 좀 있었기에,
시의 끝부분은 양시론으로 마무리.

〈추풍단등곡〉 이후로
중국에서 안중근 찬양 시가들이
한국에서보다 훨씬 더 많이 쏟아져 나왔고.

주은래도 대학생 시절에
안중근 연극에서
이토 역할을 맡았다고…

세계열강의 반응은 대체로
외교적·의례적 조의.

일뽕 제국주의자들은 물론 암살범을
격하게 비난하고 이토를 찬양했지만.

저 미개한 한국을 이토 공이
얼마나 열심히 문명화했는데!
난폭하고 야만적인 조선인이
배은망덕하게 총질이나 하고!!

Dr. 벨츠.

사실 이 시기는 세계사적으로
大암살 시대라 불릴 만큼
고위 인사들에 대한 암살이
횡행했기에, 이토 암살도
그 플로우의 일부로 이해되는
부분이 있었고.

:
1897 카스티요 총리 암살

1898 엘리자베트 황후 암살

1900 움베르토 1세 암살

1901 매킨리 대통령 암살

1906 알렉산드로비치 대공 암살

1908 카를로스 1세 암살

1909 이토 히로부미 암살

1911 스톨리핀 총리 암살

1913 요르요스 1세 암살

1914 페르디난트 황태자 암살

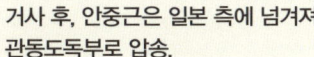

제 2 6 장

장부가

1910년 2월 7일부터 뤼순의 관동도독부 법원에서 열린 재판.

재판정을 연설장으로 삼으리라.

이토 암살은 국제법상 교전 中 적 수장에 대한 사살이고, 안중근은 전쟁 포로라는 주장을 펼쳐보기도 했지만.

그러니 살인이 아니라 교전 행위임.

교전 상태가 인정되지 않고, 이토는 군인이 아닌 민간인이니 교전 중 사살은 아닌 걸로 된다.

애초에 평생 군인이었던 적이 없지.

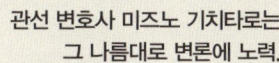

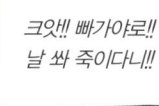

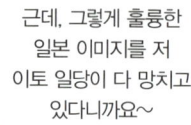

왕도는 뭔 개뿔의 황도 복숭아!!
오늘날 전 세계 아수라도의 난세에!!!
저 무시무시한 서구 열강 제국들은
각자의 패도를 뽐내며 마구 약자를 섭취해
양분 삼아 나날이 강해져가는데!!!

저 패도를 따르지 않고,
왕도의 잠꼬대에 취해
있다가는 패도에 먹힐
약자의 운명을 맞이할 뿐!

그 패도를 끝까지 달려 나간다면…

서양의 패도가 맞이할
거대한 파국이 머지않을 것.

제 2 7 장

마지막 회

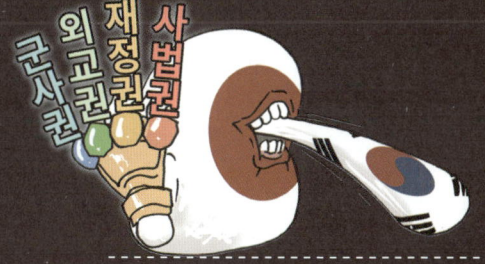

러일전쟁 시기부터 이미 한국에 대한 처분은 병합으로 수렴하고 있었으니.

한국을 보호국으로만 놔둔다면, 한국인들이 호시탐탐 그 보호를 벗어날 기회를 엿보는 형국이 계속될 것입니다.

혹여, 장래 천하 조류가 일본에 불리하게 돌아갈 경우, 외세의 개입이 없다고 장담할 수도 없을 것.

한국인들이 너네 따까리로 있기 싫다는데?

한반도는 그냥 일본 영토고, 그 백성은 다 일본인이다. 내정 간섭 ㄴㄴ

So, 이 기회에 한반도를 확실하게 일본 영토로 확정 지어 영구히 보전하고, 제국의 뼈와 살로 더함이 상책입니다.

1909년 7월 6일, 한국 병합안이 각의에서 결의.

한반도와 만주 경영은 그 옛날 요시다 쇼인 선생의 비전이 아니었던가!!

그리고 1909년 10월 26일, 이토가 죽었을 때―

이토 공, 하얼빈에서 한국인에게 피살

이건… 혹 기회가 될 수도?!

일진회 회장 이용구   송병준

일진회는 백성에게 극렬히 배척당해, 지방에서는 일진회 회원 살해가 잇따르고 있고.

앞잡이 컷!

이완용 정권은 친일 경쟁에서 일진회를 견제하며 박해하고 있다.

나라를 팔아도 양반들이 팔아야지, 어디 천것들이 숟가락을 얹으려고 함.

바로 이때 이토 암살을 기회로 일진회가 앞장서서 한·일 병합을 청원하고 주도한다면!

앞으로 숭한 일 다시 없도록 日·韓의 영원한 결합을! 한 나라가 되길 호시이!!

나라를 합치면 좋겠는데요.

정말 천재적인 아이디어예요.

이를 위해 이용구는 흑룡회의 우치다 료헤이와 논의.

오스트리아-헝가리의 이중 제국처럼 일본제국下 조선 왕국으로…

이에 흑룡회의 다케다 한시가 한·일 합방 청원서 문구를 작성해 넘겨준다.

1909년 12월, 일진회는 한·일 양국 정부에 합방 청원서를 보내고, 기관지인 《국민신보》를 통해 합방 청원을 발표.

합쳐주세요!

어… 음… 너네 말 듣고 합쳐주는 그림은 모양새가 안 좋아;;

하지만 일본 쪽에서 별다른 호응을 얻지 못하고.

국내 여론만 더욱 싸늘해지고.

일진은 언제나 나쁜 일진뿐.

어휴, 매국도 참 촌스럽게 하는구나.

이완용 정권에 의한 탄압만 가속화된다.

이완용과 친일 경쟁을 벌이다가, 1909년 2월 황실 열차에서의 주취 난동으로 실각한 송병준은—

누가 진정한 매국노인지 보여주겠어!!

이에 따라 1907년부터 이완용의 주도로 조선왕조 500년간 각종 당쟁과 반란으로 터부시되었던 인물 수십 명에 대한 사면·복권이 이뤄진다.

정도전은 대원군이 이미 복권했고,

윤휴, 이현일, 정인홍 등등 복권.

왕조 마지막 챕터에 오래된 응어리들은 다 풀고 갑시다.

대전-대구-부산-마산 찍고~!

개성도 찍고!

1909년 1~2월, 순종 황제의 지방 순행— 남순과 서북순.

나라 넘길 마지막 군주로서 거래 전에 마지막으로 살펴보고 넘기는 게 매너겠죠.

나라 구매 전 임장 필수! 한번 잘 둘러보세요.

1907년, 요시히토 황태자의 한국 방문.

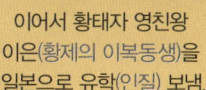

이어서 황태자 영친왕 이은(황제의 이복동생)을 일본으로 유학(인질) 보냄.

이렇게 이완용이 망국의 마지막 주변 정리를 깔끔하게…

1909년 12월 22일, 하와이 이민자 출신 이재명의 이완용 피습.

1910년 6월 3일, 일본 정부의 한국 병합 방침 결정.

이토가 살아 있었다면 그의 나와바리인 조선은 내각의 관할下에 문관 통치를 꾀했겠지만…

이토가 죽은 덕분에 한반도는 야마가타 라인인 육군의 나와바리로 쓱싹!

그렇게 1910년 7월, 육군대신 데라우치 마사타케가 3대 통감으로 서울에 착임.

日·韓 합방의 대임을 이루고 오시오.

갈 때는 통감이지만, 올 때는 총독으로 ㅇㅋ!

1910년 8월, 총리대신 이완용과 통감 데라우치 간 한·일 합방 협의 시작.

뭐, 사실 이미 이삿짐 다 들이고, 현관 도어락 바꿨고, 이제 도장만 찍으면 되는 일이니 복잡할 거 없죠.

군사적으로는 그간 의병전쟁을 통해 한반도 전역에 대한 물리적 제압을 완료했고.

시끄러웠던 언론은 1907년의 신문지법 등을 통해 계속 탄압, 폐간, 통폐합을 거듭.

1910년이면 이미 제대로 된 민족 스피커는 전멸한 상황.

1909년 7월, 기유각서를 통해 사법권과 교도 행정권까지 양도.

뭐 남았냐, 이제;;

이제 깔끔하게 도장만 찍으면 인수·합병 완료!

아니, 도장만 찍으면 된다니요;;

500년 역사의 종묘사직을, 길게는 단군 이래 5천 년간 존립이 끊긴 적 없는 삼한·예맥의 나라를 이리 쉽게 없앤다고요?;;

학부대신 이용직

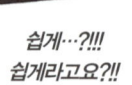

쉽게…?!!! 쉽게라고요?!!

유신 이래
여기까지 오는 길!!

그 끔찍한 피와 땀의 삽질 로드가
쉬워 보인다면, 이 만화
전질을 다시 읽어보시도록!!

1910년 8월 22일, 한일병합조약 체결.

일본국 황제 폐하와 한국 황제 폐하는 양국의 특수, 친밀한 관계를 고려, 상호 행복 증진, 동양 평화의 영구 확보 목적을 달성하기 위해서는 한국을 일본제국에 병합하는 방법밖에 없음을 확신, 이에 양국 간 병합 조약을 체결하기로 결정한다.

1910년 8월 29일, 조약 공포로
대한제국 소멸.

조선왕조
1392~1910년

을사조약 때와 같은
격렬한 반응은 별로 없었고.

나라 망한 거야
진작에 다들 실감하며
체념하고 있던 거.

이미 죽은 시체,
눈을 파 가든, 알을
떼 가든 알 바 인감.

1910년 5월의 **대역 사건**으로
흉흉한 분위기에 잠겨 있던 일본.

천황 암살 모의 혐의로
사회주의자 12명에 대한 사형 집행.

대역무도 빨갱이놈들
다 때려잡으려면!
답은 공안 군사국가!!

공안 정국으로 얼어붙은
일본 사회는
한·일 합방 소식으로
간만에 축제 분위기.

그 와중에도 시인은 세상을
연민하여 읊었으니.

"지도에 나온
조선국 자리 위에
시커멓도록
먹물을 칠해가며
가을바람을 듣네."

이시카와 다쿠보쿠

세상 꼬라지 이리 흉흉한 걸 보니,

올해 큰 혜성이 지나갈 때 소원을 잘못 빈 사람들이 많았던 모양이에요.

1910년 4월,
핼리혜성 출현.

스펙트럼 분석을 통해 헬리혜성의 꼬리에서 독성 물질인 시안이 검출되었고.

76년 후에
다시 봅시다~!

76년간 뭐
별일 없겠지?

결말을 조지는 게 명작의 조건!
본격 한중일 세계사는
배드엔딩으로 끝났습니다.

망했다!
오늘 저녁은 망고 카레다!

주요 사건 및 인물

주요 사건

쓰시마 해전과 포츠머스 조약 체결

러시아는 러일전쟁 개전 직후부터 뤼순의 태평양함대와 합세해 일본 해군을 격멸하도록 발틱함대의 극동 출정을 추진한다. 하지만 그 준비 과정이 지난했던 탓에 발틱함대는 개전 후 8개월이 지난 1904년 10월에야 출항한다. 북해에서 영국 어선들을 적함으로 오인, 격침해 큰 외교적 마찰을 빚기도 한 발틱함대는 희망봉 루트와 수에즈 루트로 나뉘어 인도양으로 진입, 마다가스카르에 닻을 내린다. 발틱함대는 그곳에서 증원 함선들을 기다리며 몇 개월을 머물다가, 1905년 3월에야 다시 출항한다. 4월 베트남에 도착한 발틱함대는 다시 증원 함선들을 기다리다가, 5월에야 블라디보스토크로 향한다. 이미 1월에 뤼순이 함락당하고 태평양함대가 소멸한 만큼 발틱함대가 극동으로 향하는 것은 무의미한 뻘짓이니 회항시키자는 목소리가 높았지만, 군 수뇌부는 계속 증원 함선들을 덧붙이며 발틱함대의 작전을 강행한다. 그렇게 발틱함대가 꾸물거리는 동안 일본 연합함대는 뤼순에서의 작전을 완료한 후 5월까지 재정비를 마치고 훈련을 거듭하며 만반의 준비를 한다.

5월 27일 대한해협에서 발틱함대와 연합함대가 마침내 조우, 쓰시마 해전이 벌어진다. 전투 결과, 전함 숫자를 제외한 모든 면에서 앞선 연합함대가 발틱함대를 일방적으로 도륙, 궤멸시킨다. 서구 열강의 주력함대가 이제 갓 근대 해군을 육성한 동양 국가의 함대에 전멸하자, 전 세계는 경악! 근대 과학기술의 힘이 더는 서양의 전유물이 아님이 입증된다.

러시아는 쓰시마 해전 패전과 국내 혁명으로 러일전쟁의 패배를 받아들일 수밖에 없었고, 일본 또한 막대한 전쟁 비용과 인명 피해를 더는 감당할 수 없었던지라, 양측은 미국의 중재로 8월부터 강화 협상을 시작, 한 달 후 포츠머스 조약을 체결하며 전쟁을 끝낸다. 이로써 사할린 남부와 요동반도 끄트머리의 관동주, 남만주철도가 일본에 넘겨지고, 한반도가 일본의 세력권으로 공인된다.

을사조약 조인

포츠머스 조약 전후로 일본은 한국 공략을 위한 기반 다지기 작업에 들어간다. 1905년 7월 미국과 가쓰라·태프트 밀약을, 다음 달 영국과 2차 영일동맹 조약을 맺음으로써, 한국에 대한 지배권을 영미에 확약받는다. 이후 11월 15일 이토 히로부미가 방한해 한국의 외교권 박탈을 골자로 한 보호령화 작업을 진두지휘한다. 이토는 황제와 대신들을 만나 어르고 달랜 다음, 17일 일본군을 동원해 대신들을 경운궁에 가둬놓고 한국의 외교권을 일본에 위임하는 조약안 수락을 강요한다. 어전회의에서는 외교권 포기 불가 방침이 정해지지만, 고종이 침전으로 돌아간 후 퇴청하던 대신들이 일본군에 붙잡히며 회의가 속개된다. 대신들이 조약안 수락에 주저하는 사이, 학부대신 이완용이 적극적으로 회의를 주도해 결국 일본의 요구가 관철된다. 이 조약안은 18일 0시에 고종에게 보고되고, 새벽 2시에 조인된다. 이 2차 한일협약을 을사조약, 또는 강제로 체결되었다 해 을사늑약이라 부른다.

헤이그 특사 파견

러일전쟁의 시작과 동시에 서울은 일본군에 속수무책으로 점령당하고, 곧 친일 내각이 수립된다. 이후 1904년 8월 22일 1차 한일협약이 체결, 일본 측 재정 고문과 외부 고문이 임명되며 재정과 외교 부문에서 일본의 감독이 시작된다. 외부 고문 더럼 스티븐스는 한국의 재외공관들을 폐쇄하고 예산을 삭감, 한국 외교를 일본의 통제하에 종속시킨다. 이에 정식 외교 루트를 사용할 수 없게 된 고종은 열강 각국에 밀사를 파견하는 밀사 외교를 추진한다. 이때 선교사 호머 헐버트, 주러 공사 이범진, 시종무관 현상건, 대승적으로 손잡은 상동파의 이승만 등이 밀사로 쓰인다. 이승만은 미국 대통령 시어도어 루스벨트까지 만나지만, 공식 신임장이 없는 밀사인 탓에 별다른 성과를 내지 못한다. 일본이 러일전쟁에서 승리하고 을사조약까지 체결되며 밀사 외교는 더욱 어려워진다. 고종은 각국 대표가 모여 세계 평화를 논하는 2차 헤이그 만국평화회의가 마지막 기회라 판단, 비밀리에 특사단 파견을 추진한다. 이에 이상설을 단장으로 삼고, 상동파의 이준 및 이범진의 아들 이위종이 참여한 특사단이 1907년 6월 25일 헤이그에 도착한다. 하지만 이미 외교권을 잃은 한국의 특사단은 회의장 입장조차 허락받지 못하고, 각국 대표단에 대한 개별적인 접촉도 일본에 방해받는다. 이에 특사단은 회의장 밖에서 한 달간 언론 인터뷰, 민간단체 연설회 등의 여론전을 이어간다. 하지만 결국 외교적 성과를 거두지 못한 채 이준이 헤이그 현지에서 지병으로 사망한 후 특사단은 해산한다.

13도 창의군과 의병 소탕 작전

러일전쟁 중에도 일본군의 세가 약한 지방에서는 의병들이 점점이 활동을 이어간다. 이후 을사조약에 대한 거국적인 반발의 흐름을 타고 을사의병이 전국에서 크게 거병하는데, 이는 1907년(정미년) 7월 고종의 강제 퇴위와 정미7조약에 반발하는 정미의병으로 이어진다. 8월에는 군대 해산에 반발한 서울의 시위대와 지방의 진위대 병력이 의병 세력에 합류하면서 그 병력과 무장 수준이 크게 향상된다. 북쪽 끝 경원부터 남쪽 끝 나주까지 전국 방방곡곡에 들불처럼 일어난 정미의병의 창끝은 곧 서울을 향한다. 이로써 강원도 의병을 중심으로 서울 진공을 꾀하는 13도 창의군이 결성되어, 12월 양주에 1만 병력이 집결한다. 13도 창의군은 먼저 중앙정부와 지방 관아, 통감부와 언론사에 성명서를 돌리고, 각국 영사관에 교전단체 인정을 요청하며 여론전을 벌인다. 그리고 1908년 1월 허위가 이끄는 선발대가 동대문 공략에 나서지만, 수십 명의 사상자를 내며 실패한다. 총대장 이인영은 중과부적을 절감, 투쟁 역량의 보전을 위해 13도 창의군의 지방 산개를 꾀한다. 그리하여 이인영은 부친상을 이유로 낙향하고, 13도 창의군은 해산한다.

일본군은 전국적인 의병 봉기에 대응해 지방 곳곳의 의병 거점 부락들에 대한 학살을 이어가고, 조선인 헌병 보조원들을 동원해 민사작전을 펼친다. 의병 소탕 작전에 따른 사망자가 연간 1만 명을 넘어서는 상황에서, 호남 지역을 휩쓴 1909년의 남한대토벌 작전을 끝으로 한반도에서의 의병 활동은 사실상 막을 내린다. 잔존 의병 세력은 간도와 연해주로 탈출해 항일 무장투쟁을 이어간다.

한일병합조약 체결

외교적으로, 정치적으로, 군사적으로 한국을 제압한 일본은 곧 완전한 병합을 추진한다. 1909년 7월 가쓰라 내각은 한국 병합 방침을 승인하고, 1910년 6월부터 그 구체적 절차를 밟기 시작한다. 한반도의 법적 지위는 일본령 대만과 같이 제국 헌법의 적용 범위 밖인 외지로 확정된다. 그 와중인 1909년 10월 이토가 암살당하지만, 대세에는 영향을 미치지 못한다. 1910년 7월 신임 통감으로 서울에 착임한 데라우치 마사타케와 한국의 정부 수반인 총리대신 이완용이 논의를 진행, 8월 22일 한일병합조약이 체결된다. 이로써 대한제국이 멸망, 1392년부터 이어져온 조선왕조가 막을 내린다. 한일병합조약은 한국 황제와 일본 천황 사이에 맺어진 조약으로, 국제조약 체결은 천황 대권에 속하는 것이었기에 일본 제국의회의 비준 절차 같은 것은 거치지 않았다.

주요 인물

더럼 스티븐스 Durham Stevens

대학생 시절부터 외국어에 능통했던 스티븐스는 존 빙엄(John Bingham) 주일 미국 공사 아래에서 서기로 공직을 시작한다. 빙엄은 이전의 미국 공사들과 달리 일본 문화를 존중하고, 일본이 서구 열강과 맺은 여러 불평등조약을 개정하는 데 도움을 준 인물이다. 그런 영향하에 스티븐스는 더욱 강력한 친일 의식을 내재화하고, 일본의 국제적 지위 향상에 최선을 다한다. 1904년 1차 한일협약으로 한국에 대한 일본의 고문 정치가 시작되며, 스티븐스가 외부 고문으로 임명된다. 외부 고문으로서 일본의 의지를 구현하는 데 앞장선 스티븐스는 한국의 재외공관들을 폐쇄하고 인력을 감축하는 등 한국 외교 말살 책동을 벌인다. 을사조약 체결 후 통감부 고문으로 영전한 스티븐스는 1908년 3월 휴가를 얻어 귀국하는데, 23일 샌프란시스코에서 한국 교민 전명운과 장인환의 기습으로 총상을 입고 이틀 뒤 사망한다.

고종 이형 高宗 李㷩

재위 기간 내내 수많은 정치 세력이 얽힌 정치 게임을 진행하고, 일본의 이빨을 피하기 위한 열강 줄타기를 시전해온 고종은 결국 러일전쟁을 맞이해 나라와 옥좌가 완전히 일본의 손아귀에 놓인 현실을 직면하게 된다. 비교가 무의미한 국력 차이와 이미 일본의 포로 상태에 놓인 황제 개인의 여건상, 일본에 대한 공식적이고 직접적인 적대는 취하기 어려운 선택지였다. 그리하여 고종은 대외적으로는 밀사 외교로 열강에 호소하고, 대내적으로는 의병 활동을 (몰래) 촉구하는 식으로 일본의 눈을 피해 어떻게든 반전의 계기를 마련하고자 시도한다. 하지만 별다른 성과를 얻지 못하고, 헤이그 특사 파견에 대한 후과로 1907년 7월 강제 퇴위당하게 된다. 이후 한일병합조약이 체결되는 1910년까지 세 번이나 국외 망명을 시도했다고 하나 모두 실패한다. 덕수궁으로 개칭된 경운궁에서 여생을 보내다가 1919년 1월 21일 사망한다. 그의 장례는 3·1운동의 배경이 된다.

이완용 李完用

1882년 25세의 나이로 관직에 오른 이완용은 헐버트에게 영어를 배우고 주미 공사관의 참찬관으로 근무하며 친미 정동파로 분류된다. 1895년 을미사변 때 고종의 미국 공사관 도피를 시도한 춘생문 사건에 참여해 고종의 신임을 얻는다. 그러나 독립협회 지도부에 합류하면서 고종의 눈 밖에 나고, 친러 근왕파에 견제당한다. 결국 전라북도 관찰사로 좌천되고 실각한 이완용은 눈치껏 독립협회와 거리를 두다가, 협회에서도 제명당한다. 이후 은둔을 이어간 끝에 1904년 러일전쟁으로 서울이 일본 천하가 되자 정계에 복귀, 친일파로서의 활약을 시작한다. 1905년 을사조약 체결 때 학부대신이었던 이완용은 적극적으로 내각회의를 주도하며 조약 체결을 관철한다. 1907년 총리대신에 올라서는 헤이그 특사 사건을 빌미 삼아 고종에게 퇴위를 강요하고, 이어서 정미7조약을 체결한다. 그렇게 천하의 매국노로 악명을 떨치게 된 결과, 1909년 12월 명동성당 앞에서 이재명에게 습격당해 늑간동맥이 절단될 정도로 크게 다치지만, 현대 의학의 힘으로 목숨을 건진다. 1910년 8월에는 총리대신 자격으로 한일병합조약을 체결, 매국의 방점을 찍는다. 을사조약과 정미7조약, 한일병합조약을 모두 주도한 이완용은 그 대가로 조선 귀족 백작 작위를 받고(훗날 후작으로 승작), 중추원 부의장을 지낸다. 1926년 67세로 사망할 때까지 늑간동맥 절단의 후유증인 폐병으로 고통받았다고 한다.

이토 히로부미 伊藤博文

조슈의 시골 하급 무사에서 유신지사, 신정부의 관료를 거쳐 일본 초대 총리대신에 오르고 일본 제국헌법을 만든 이토는 실로 근대 일본 정치 그 자체라 불리는 거물! 그런 이토의 인생 마지막 퀘스트는 한반도와 만주였다. 1905년 11월 방한한 이토는 을사조약 체결을 강제해 한국을 보호국화하고 통감부를 설치, 자신이 1대 통감으로 부임한다. 통감으로서 이토는 정미7조약을 통해 한국의 내정을 손아귀에 넣고 군대 해산과 고종 퇴위를 지휘한다. 이어서 언론과 교육, 경제 등 각 분야에서 식민지화의 기반을 닦으려 하나, 의병 봉기 등 한국인들의 거센 저항에 직면한다. 결국 1909년 외무성의 한국병합 방침을 승인하고 통감 자리에서 물러난다. 그해 10월 러시아와 만주 문제를 논하기 위해 하얼빈으로 향한 이토는, 그곳에서 의병장 안중근에게 죽임당한다.

안중근 安重根

황해도의 무반 가문 출신으로, 동학농민전쟁 당시 어린 나이였는데도 개화파 지식인인 아버지를 따라 진압군으로 활동하며 무력을 갈고닦는다. 1897년에는 가족 전체가 가톨릭으로 개종하며 도마라는 세례명을 받는다. 이후 러일전쟁 국면에서는 아시아주의에 감화되어 일본을 지지하지만, 을사조약을 거치며 반일 항쟁 노선으로 급선회한다. 이후 얼마간 황해도에서 애국계몽 및 교육 사업에 힘쓰다가 1907년 8월 무장투쟁으로 뜻을 굳히고 두만강을 건너 연해주로 향한다. 그곳 의병들과 1908년 7월 함경북도 경흥 일대를 들이치는 국내 진공 작전을 펼치지만, 결과적으로 패배하고 온갖 고생 끝에 다시 두만강을 건너 연해주로 탈출한다. 1909년 2월 동지들과 왼손 약지를 자르며 단지동맹을 결성한다. 이토의 만주 방문 소식을 접한 안중근은 동지들과 함께 사살 작전을 세우고 차이자거우와 하얼빈으로 이동, 1909년 10월 26일 오전 9시 30분 하얼빈역 플랫폼에서 이토 저격에 성공한다. 현장에서 체포되어 뤼순의 관동도독부로 압송된 안중근은 1910년 2월 7일부터 일주일간 이어진 형식적인 재판 끝에 사형을 선고받는다. 재판 내내 일본의 침략 행위를 강력히 비판하고, 진정한 의미의 아시아주의와 동양 평화에 대해 설파한 안중근은 3월 26일 순국한다.